Vivre en harmonie avec le monde réel

Volume 4

Perfectionner votre rôle de parent intérieur

Par

Gary Edward Gedall

Publié par

From Words to Worlds

Lausanne, Suisse

www.fromwordstoworlds.com

Broché / édition imprimée

ISBN 13 : 978-2-940535-88-0

À propos de l'auteur

Gary Edward Gedall est un psychologue et psychothérapeute agréé par l'État, formé à l'hypnose ericksonienne et à l'EMDR.

Il est titulaire de diplômes ordinaires et de maîtrises en psychologie des universités de Genève et de Lausanne, ainsi que d'un diplôme spécialisé en sciences de gestion de l'université d'Aston, au Royaume-Uni.

Il a vécu en tant que membre associé de la communauté spirituelle de Findhorn, a été un visiteur régulier du centre de méditation d'Osho à Puna, en Inde. Et dans le cadre de sa quête permanente de croyances et de pratiques de guérison alternatives, il a suivi la formation pratique de trois ans dispensée par la Foundation for Shamanic Studies en 2012.

En 2016, il a obtenu un DAS (diplôme d'études avancées) en tant que thérapeute utilisant les chevaux.

Ses loisirs sont : l'écriture, l'équitation western et gâter ses enfants.

Il vit et travaille actuellement à Lausanne, en Suisse.

Avis de non-responsabilité :

Les personnages et les événements relatés dans mes livres sont une synthèse de tout ce que j'ai vu et fait, des personnes que j'ai rencontrées et de leurs histoires.

Il y a donc des événements et des personnes qui font écho à des personnes et des événements réels, mais aucun témoignage n'est tiré d'une seule personne. Dans aucun cas, les faits relatés visent à dépeindre une personne, vivante ou morte.

Mes livres ne sont pas, en eux-mêmes, des livres de thérapie et n'ont pas pour but de contredire ou d'invalider toute autre vision de l'être humain ou de sa psyché ni une thérapie particulière.

Par le même auteur

Aventures avec le maître

L'île de la Sérénité – Partie 1 : Destruction
(Série – publiée ou en préproduction)
Livre 1 :	**L'île de la Survie**
Livre 2 :	**Soleil et pluie**
Livre 3 :	**L'île du Plaisir (Vol. 1)**
Livre 4 :	**L'île du Plaisir (Vol. 2)**
Livre 5 :	**L'essor et la chute**
Livre 6 :	**L'île de l'Estime (Vol. 1)**
Livre 7 :	**L'île de l'Estime (Vol. 2)**
Livre 8 :	**The Faron Show**

Les contes de Pierre le lutin
Vol. 1 – Nouveaux amis
Vol. 2 – Nouvelles Aventures

Non-fiction

Vivre en harmonie avec le monde réel
- Vol. 1   Fondamentaux, Famille et amis
- Vol. 2   Travail, repos et loisirs
- Vol. 3   Faire face à la perte et au deuil
- Vol. 4   Perfectionner votre rôle parental intérieur

L'image de l'esprit :
Vol. 1 – Principes de base

Hypnose
Non-fiction (publié ou en préproduction)

Hypnose augmentée
Techniques hypnotiques multisensorielles et multicanaux.

SOUVIENT
Histoires et poèmes pour l'autoassistance et le développement personnel basés sur les techniques de l'autohypnose et de l'éricksonianisme.

Introduction

Cher lecteur,

Cela devait être le troisième livre de cette série que j'avais prévu de publier début 2020.

Cependant, en raison de la pandémie de COVID, j'ai ressenti le besoin de mettre ce projet de côté et d'écrire mon livre sur la perte et le deuil.

Nous sommes maintenant au milieu de l'année 2022, et la pandémie montre enfin des signes de dissipation, si bien que je me sens maintenant l'espace nécessaire pour revenir à mon projet initial.

Après avoir publié trois volumes sous le titre général de *Vivre en harmonie avec le monde réel*, j'ai pensé que je ferais bien de continuer à utiliser un format similaire pour un quatrième volume.

Le concept de « vivre en harmonie avec le monde réel » que j'utilise dans cette série est tout sauf nouveau.

C'est un concept qui existe depuis des milliers d'années, mais qui a rarement été expliqué de manière simple et claire.

Cependant, je suis fermement convaincu que ce concept simple a une grande valeur et que nous pouvons améliorer considérablement notre vie quotidienne en en prenant conscience.

Si vous avez déjà lu d'autres volumes de la série *Vivre en harmonie*, vous aurez déjà rencontré les concepts exposés dans le premier chapitre.
N'hésitez pas à les relire et à vous les rappeler, ou à passer directement aux chapitres suivants.

Dans le cadre de ma pratique thérapeutique, j'ai développé ces concepts. Ils sont conçus comme des outils de développement personnel/thérapie et doivent être investis pour être utiles.

J'espère et j'ai confiance que ce livre et les idées qui le sous-tendent amélioreront et enrichiront votre vie.

N'hésitez pas à m'écrire si vous avez des commentaires ou des réactions, et bien sûr, toute critique ou partage sur ce livre serait grandement apprécié.

Avec mes plus sincères salutations,

Gary Edward Gedall,

Lausanne, Suisse, 24.08.2022
gary.gedall@bluewin.ch

Table of Contents

1. Introduction au concept de *vivre en harmonie*

Vivre en harmonie avec le monde réel est un concept que j'ai développé pendant de nombreuses années en tant que thérapeute.

Comme pour la plupart des choses dans la vie, quelqu'un, quelque part, sous une forme ou une autre, a sans doute eu des idées identiques ou très similaires.

Cependant, cette incarnation particulière est ma propre variation. Ce n'est pas le premier livre que j'ai écrit sur la base de ce concept.

C'est pourquoi j'essaierai d'être bref dans cette explication et je renvoie tout lecteur intéressé au volume 1 pour une explication plus approfondie.

Pour commencer, il est toujours utile de réfléchir aux termes que l'on compte utiliser.

Alors, qu'est-ce que l'harmonie ?

Le dictionnaire en ligne Cambridge décrit l'harmonie comme « … la combinaison de parties séparées, mais liées d'une manière qui utilise leurs similarités pour apporter l'unité[… »[1].

Alors, quelles pourraient être les parties distinctes d'une personne qui pourraient ou non apporter l'unité ?

Je dirais que chez les êtres humains, une partie de nous crée une image « idéale » de la façon dont les choses devraient être – qu'il s'agisse d'une relation, d'un travail, d'un repas, de la productivité, d'un comportement ou d'une réparation.

---

[1]   Dictionnaire Cambridge « Harmony »
https://dictionary.cambridge.org/dictionary/english/harmony
consulté le 12 08 2020

Cela est cohérent avec la fonction de Sigmund Freud, qu'il appelle le « moi idéal », qu'il considère comme faisant partie du surmoi.[2]

Ces valeurs, cette morale, ces attentes, etc. ont été créées tout au long de notre vie et sont fondées sur les apports et expériences nombreux et variés avec lesquels nous avons été en contact depuis la petite enfance.

Elles englobent non seulement la manière dont nous attendons des autres qu'ils agissent et nous traitent, mais aussi qui et comment nous sommes censés être, comment nous devons interagir avec le monde extérieur et ce que nous attendons de nous-mêmes.

(Cela dépasse largement le cadre du Moi idéal de Freud, qui, comme son nom l'indique, ne traite que de nos attentes vis-à-vis de nous-mêmes.)

---

[2] Freud, S. (1923 The Ego and the Id. The Standard Edition of the Complete Psychological Works of Sigmund Freud, Volume XIX (19231925): The Ego and the Id and Other Works, 1-66

À l'« extérieur », elles vont des attentes les plus négligeables, les plus humbles, comme, par exemple, le goût que doit avoir un verre de lait, aux situations de vie ou de mort,

 à la façon dont notre gouvernement devrait nous rapatrier si nous nous trouvons dans une zone de guerre.

À l'« intérieur », elles comprennent des attentes concernant la fréquence à laquelle nous devons nous laver les dents, la façon dont nous nous sentons lorsque nous nous réveillons à 3 heures du matin, le temps que nous devons passer avec un ami en crise et les types d'emplois et de partenaires que nous choisissons.

Cependant, les choses ne se passent pas toujours comme prévu.

Il y a plutôt la réalité de ce que sont les choses, ce que nous appelons simplement le « réel » :

La réalité du lait qui n'a pas le goût qu'il devrait avoir, ou de l'absence de vols en partance de la zone de guerre ; le fait d'être trop fatigué pour se laver les dents avant d'aller au lit ; le fait d'avoir une réunion d'affaires importante à 8 heures et de manquer de patience envers l'amie qui vient de rompre avec son troisième petit ami cette année.

Ou peut-être que l'emploi parfait ou le compagnon dans lequel nous avons tant investi se transforme en plomb.

Si nous visualisons l'idéal comme une cible, l'œil-de-bœuf étant notre représentation parfaite de la façon dont les choses devraient être, la réalité serait symbolisée par une flèche.

Plus la flèche se pose près du centre, plus nos attentes sont proches de notre réalité.

Plus ils sont éloignés l'un de l'autre, plus nous risquons de nous sentir frustrés et déçus.

En bref, plus la distance entre la réalité des choses et notre vision idéale de ce qu'elles devraient être est grande, plus nous souffrons.

Ce qui est le plus intéressant, c'est que cette image a quelque chose à voir avec la signification essentielle du mot « péché ».

Selon le site *Blue Letter Bible*, la signification originale et fondamentale du terme « péché », de sa racine hébraïque, Chata, חָטָא, se traduit par manquer.

Comme dans le fait de manquer la marque ou la cible : « Manquer, s'éloigner de la marque, en parlant d'un archer ». [3]

Si nous nous concentrons pour l'instant sur notre seule relation avec nous-mêmes, nous pouvons réfléchir à ce qu'est réellement le péché.

---

[3]   Blue Letter
Bible https://www.blueletterbible.org/lang/lexicon/lexicon.cf
m?t=kjv&strongs=h2398, consulté le 12.08.2020

Je suggérerais quelque chose comme ça :

Le péché, c'est quand nos pensées et nos comportements réels sont loin de nos attentes idéales pour nous-mêmes. Plus les deux sont éloignés, plus nous souffrons, plus nous péchons.

De même, lorsque d'autres choses dans la vie ne se passent pas comme prévu ou idéalisé, nous souffrons à nouveau.

L'une des situations les plus problématiques à gérer peut-être celle de la « fausse cible ». Dans ce cas, la personne croit que son « idéal » est quelque chose qu'elle a accepté de l'extérieur.

Pourtant, au fond d'eux-mêmes, ils ont une autre vérité, un autre idéal, auquel ils ont renoncé parce qu'il est moins acceptable.

Par exemple, ma profonde attirance pour le cinéma et le théâtre m'a totalement échappé lorsque j'ai essayé de satisfaire le souhait de mon père.

Et de me concentrer sur quelque chose en rapport avec les affaires.

Et donc, j'ai passé quatre ans à obtenir un diplôme de commerce très respecté, sans aucun avantage « réel ».

Un autre problème majeur se pose lorsqu'il y a deux objectifs concurrents. Les deux sont tout aussi importants et valables l'un que l'autre, mais peuvent aussi s'exclure mutuellement.

Par exemple, l'un des membres d'un couple reçoit l'offre d'une superbe opportunité dans une partie totalement différente du monde.

Pourtant, leur partenaire n'a ni le désir ni l'envie de déménager.

Le besoin et le désir de réussir sur le plan professionnel peuvent constituer une partie aussi essentielle de l'idéal que la personne se fait d'elle-même que celle qui s'attend à être un partenaire loyal et solidaire.

Dans mon travail thérapeutique, je cherche à aider les patients à rapprocher leurs idéaux pour eux-mêmes, leur vie, et leurs réalités pas toujours parfaites.

Cela peut se faire par une combinaison de tout ou partie des éléments suivants :

- Modifier la réalité physique (rapprocher la flèche de la cible).

Par exemple, acheter un autre lait, téléphoner à votre amie en début de soirée après sa dernière rupture, trouver un autre emploi ou un nouveau partenaire.

-Augmentation de la taille de l'œil-de-bœuf qui s'obtient par une réflexion sur le niveau de ses attentes.

Par exemple, se contenter d'une note de 8 sur 10 plutôt que de 10 sur 10 à un test.

Repositionner la cible elle-même en changeant ses attentes intérieures.

Par exemple, réaliser et accepter que votre entreprise à but non lucratif ne peut pas fonctionner sans les dons des entreprises.

- Rapprocher les deux idéaux (déplacer une cible devant l'autre).

- Par exemple, travaillez à l'étranger pendant un mois sur trois et travaillez à distance depuis un bureau proche de chez vous pendant les deux autres mois.

Plus l'idéal et le réel se rapprochent, plus notre souffrance est réduite.

Toutefois, pour entamer un tel processus, le patient doit d'abord puiser en lui-même pour découvrir exactement quelles sont ses attentes idéales.

Pourquoi doivent-ils, comme je le dis, « se creuser la tête » ?

C'est parce que beaucoup de gens n'ont pas conscience de leurs véritables valeurs intérieures, de leurs désirs et de leurs attentes.

Nos systèmes d'éducation formelle et nos normes sociales peuvent nous pousser à cacher nos véritables pensées et sentiments, même à nous-mêmes, et à les considérer comme inacceptables dans une certaine mesure.

Pour revenir à ma propre histoire, lorsque j'ai « creusé en moi-même » il y a quelques années, j'ai réalisé que je n'aurais pas dû suivre un cursus en sciences de gestion, mais que j'aurais été beaucoup, beaucoup plus heureux en m'inscrivant dans une école de cinéma (oui, un peu tard ! !).

L'aphorisme grec ancien « connais-toi toi-même » (grec : γνῶθι σεαυτόν) est la première des trois maximes delphiques inscrites dans le pronaos (parvis) du temple d'Apollon à Delphes.

Avant de pouvoir trouver l'harmonie intérieure, nous devons découvrir et accepter nos véritables valeurs, attentes et réactions.

Cette lecture honnête de nous-mêmes nous permet
de travailler à l'harmonisation de notre idéal avec le
réel.

2. Introduction au concept de parent intérieur

La parentalité intérieure est un concept issu de près de vingt ans de travail professionnel et personnel.

J'ai travaillé en tant que psychologue, psychothérapeute agréé, hypnothérapeute, thérapeute familial et animateur de groupe, et j'ai fait de nombreuses incursions dans des groupes d'autodéveloppement et « new age ».

La plupart des approches psychothérapeutiques sont, dans une large mesure, « cognitives » ; elles fonctionnent par le biais de la parole et suscitent des changements par une sorte de processus mental.

Il ne s'agit pas d'une critique, car c'est l'attente et généralement la base du succès des approches thérapeutiques classiques.

De nombreux types de thérapies visent également à enseigner à leurs patients de nouvelles façons de faire face et de se comporter dans le monde complexe dans lequel nous vivons.

Les thérapeutes aident les patients à prendre conscience de leurs émotions et de leurs réactions, de la manière dont elles se manifestent et de leur raison d'être, et de ce qu'ils pourraient faire pour améliorer leurs capacités à atténuer ou à assumer ces réactions.

De nombreuses approches thérapeutiques cherchent à découvrir et à renforcer les ressources intérieures de leurs clients.

Certaines approches proposent des exercices pratiques et des stratégies d'adaptation spécifiques que leurs patients peuvent apprendre à utiliser lorsqu'ils sont confrontés à des situations difficiles.

Certaines thérapies se concentrent sur notre « enfant intérieur » et aident les gens à entrer en contact avec cette partie d'eux-mêmes.

Elles mettent en place une fonction de « parent intérieur » attentif, compréhensif et solidaire et facilitent une communication saine entre les deux.

Et, comme nous l'avons déjà dit, la plupart des gens bénéficient d'une thérapie.

Cependant, il y a, pour moi, une faiblesse fondamentale dans toutes ces approches thérapeutiques :

Soit elles travaillent en imposant à leurs clients de nouvelles attitudes, de nouveaux comportements et de nouvelles façons de fonctionner ;

Soit, elles parviennent à trouver chez leurs clients les forces, les ressources et les stratégies d'adaptation déjà présentes et fonctionnelles et tentent de les utiliser pour résoudre tous les problèmes de la personne.

En outre, de nombreux clients se plaignent que de nombreuses approches thérapeutiques ne sont pas particulièrement pratiques et n'offrent pas d'outils utiles pour faire face aux problèmes de leur vie quotidienne.

Bien que chaque approche, je le répète, soit souvent utile, elle comporte ses propres limites.

L'un de mes concepts de base de la condition humaine est celui d'être en harmonie avec soi-même.

Pour chaque situation de la vie, nous avons une idée de la façon dont nous nous attendons à être, le « moi idéal ». Nous avons également un retour sur la façon dont nous nous sommes comportés ou avons réagi à ce moment-là, le « moi réel ».

Une grande partie de notre souffrance résulte de la distance entre notre moi réel et notre moi idéal.

J'espère que vous avez déjà lu et intégré ce concept exposé dans le premier chapitre.

Selon mon appréciation et mon expérience personnelle, essayer de greffer sur sa psyché un « moi réel », même s'il est théoriquement plus fonctionnel que le « moi idéal » (qui ne semble pas fonctionner dans une situation particulière), risque fort de poser un certain nombre de problèmes.

Dans un second cas, on valorise et l'on renforce les ressources présentes et actives chez le patient.

Toutefois, cela peut être précieux et utile dans certaines circonstances et pas du tout approprié dans d'autres.

Dans ces deux cas, les techniques de dialogue avec l'enfant intérieur et le parent intérieur qui existent dans d'autres approches souffrent également de ces défauts.

Depuis huit ans que je dirige des groupes de thérapie dans notre clinique de groupe, je me concentre de plus en plus sur nos « trésors cachés ».

Il s'agit des attitudes, des comportements et des stratégies d'adaptation qui existent en nous, mais dont nous n'avons que peu ou pas conscience.

Ils ne sont donc que des potentiels inexploités.

Au sein de ces groupes, j'ai utilisé des techniques d'hypnose augmentée et un jeu de cartes.

Tous ces objets sont accompagnés d'une image en couleur amusante représentant un archétype approprié. Ces archétypes comprennent des animaux, des éléments et des professions.

(Pour une explication complète et des exemples de ces groupes, veuillez vous référer à mon livre sur l'hypnose augmentée.)

À un autre niveau, plus récemment, j'ai remarqué l'utilisation croissante de dialogues intérieurs conscients en moi dans diverses situations de la vie. Par exemple, dans les moments de conflit (« quelle est l'importance de gagner ce conflit ? »), dans les moments d'épuisement (« tu as le droit de faire une pause »), et dans les moments de dépression (« détends-toi et gâte-toi un peu, cela aussi passera »).

Ce qui a commencé à m'intéresser, c'est que non seulement j'étais clairement « parent », dans le cadre d'une réaction « enfantine » que j'avais, mais que le type et le style de parentalité devaient être spécifiquement adaptés à mes situations intérieures et extérieures.

Mon « parent permissif » qui me soutient pour que je n'essaie pas de me forcer à poursuivre un projet d'écriture en dehors de mon travail habituel est à l'opposé du « manager responsable » qui insiste pour que je commence à établir le rapport d'un patient qui doit être fait et que je n'aime pas du tout faire.

C'est alors que j'ai commencé à intégrer les concepts de « vivre en harmonie avec le monde réel », de « trésor caché » et de dialogue approprié avec un parent intérieur dans ma pratique thérapeutique individuelle.

À partir de ce moment-là, l'intégration de l'utilisation d'images archétypiques et même de l'hypnose pour compléter l'ensemble n'était que l'étape logique suivante.

3. L'enfant intérieur

Toutes les créatures vivantes possèdent des mécanismes réflexes dont elles ont besoin pour pouvoir réagir aux circonstances et aux situations de chaque instant auxquelles elles sont confrontées.

Ces réactions et comportements sont en partie biologiquement programmés et en partie appris ; ils constituent des mécanismes de survie et des stratégies d'adaptation de base.

Ils sont pratiquement automatiques, le plus souvent inconscients, et comme ils contournent le processus de réflexion à un degré plus ou moins grand, ils peuvent être qualifiés d'irrationnels.

Il n'est pas surprenant qu'ils soient étroitement liés à nos besoins physiques et à nos réactions émotionnelles.

Étant si basiques et réactifs, ce sont les types de réactions que l'on voit chez les jeunes enfants : je veux, je ne veux pas, je suis heureux, je suis triste, je suis en colère, j'ai peur, je ressens du plaisir, de la douleur, j'aime, je déteste, je veux caresser, je veux blesser, je veux attaquer, je veux me cacher, je veux fuir.

Cependant, tous ces sentiments et réactions de base vivent en chacun de nous, et à chaque instant de notre vie, nous faisons l'expérience de l'un ou l'autre ou de plusieurs d'entre eux :

Dès le matin, nous sentons-nous énergisés ou fatigués ? Avons-nous envie de nous lever ou non ? Avons-nous envie d'aller au travail ou pas ?

Lorsque nous arrivons au travail ou à l'école, sommes-nous heureux d'y être ? Sommes-nous heureux de rencontrer les personnes qui s'y trouvent ? Dans la journée, y a-t-il des événements qui nous plaisent ? Y a-t-il des événements qui nous irritent, nous mettent en colère ou nous stressent ?

Comment se passe votre vie de famille ? En avez-vous une ? Cela améliore-t-il la qualité de votre vie ?

Il y a sans doute des moments où vos proches vous rendent heureux, mais aussi souvent le contraire.

Chaque expérience et réaction est une combinaison de votre patrimoine génétique, de votre éducation et de vos expériences de vie, plus la somme totale de toutes vos réalités internes et externes du moment.

Ce qui est de la plus haute importance, c'est de se rappeler que toute réaction, tout souhait, tout besoin ou tout désir est, à la base, normal et sain.

Nos systèmes sont construits sur notre capacité à réagir à toutes les formes de stimuli, provenant à la fois de l'intérieur et de l'extérieur de nous-mêmes, qui nous donnent les informations essentielles pour savoir si nous devons rechercher ou éviter certaines choses.

Pour le meilleur ou pour le pire, nos vies sont complexes, et la plupart des situations sont assez compliquées, nous offrant à la fois des résultats « positifs » et « négatifs » pour le même choix.

En me référant au thème de base de ces livres, « vivre en harmonie », et à ma vision générale de ce qui est pathologique ou non, j'adopte la position suivante :

« Tout comportement ou fonctionnement qui ne cause pas de souffrance à soi-même ou aux autres est bien. Tout comportement ou fonctionnement qui cause de la souffrance à soi-même ou aux autres doit être remis en question. »

Bien sûr, nous ne vivons ni n'exprimons toutes nos pensées et tous nos sentiments, nos souhaits et nos désirs à chaque instant où ils sont déclenchés.

Un autre système doit être mis en place pour tempérer ces « états » archaïques.

4. Le parent intérieur

Dès notre naissance, nous sommes entourés d'adultes qui nous aident à gérer nos réactions aiguës aux stimuli de la vie.

Ils remarqueront quand nous avons faim, quand nous sommes fatigués, quand nous avons mal, quand nous avons besoin d'être changés, etc.

En vieillissant, ils nous apprendront à gérer nos problèmes physiques, émotionnels et intellectuels actuels, comment nous discipliner, comment limiter nos désirs immédiats, et comment faire face à la frustration, à l'échec comme au succès, mais aussi comment nous punir et nous récompenser nous-mêmes et ceux avec qui nous sommes en contact, et comment faire face à tous les types d'événements positifs et négatifs de la vie et aux interactions relationnelles – ***ou pas.***

Car voyez-vous, on ne peut nous apprendre que ce que l'autre sait et est capable d'enseigner.

De plus, comme nous ne sommes pas nécessairement le même type de personne qu'eux, les leçons que nous pourrions tirer de l'observation de leur mode de vie, de leurs expériences et de leurs interactions avec les autres, même si elles sont correctes et fonctionnelles, pourraient ne pas être faciles à imiter pour nous.

En général, la plupart des gens intègrent la plupart des règles de base de la vie quotidienne : que nous devons travailler ou étudier, nous nourrir, nous maintenir, ainsi que nos espaces de vie et de travail, relativement propres et ordonnés, être polis avec la plupart des gens et suivre plus ou moins les règles sociales, juridiques, professionnelles et relationnelles là où nous vivons et travaillons.

Ce sont des règles que nous acquérons de notre environnement et qui ont peu à voir avec ce que nous sommes profondément (bien que la façon dont nous les réalisons puisse être influencée par d'autres facteurs plus subtils).

Cependant, face à une menace ou à un défi spécifique (même mineur), nous avons tendance à trouver trois, quatre ou cinq stratégies d'adaptation de base au maximum, que nous utiliserons en cas de besoin.

Ces stratégies auront été mises en œuvre alors que nous étions encore relativement jeunes et sont bien plus une interaction de nos traits de caractère fondamentaux (génétiques) et de notre environnement précoce.

Ces stratégies de survie naissent quelque part entre deux et dix ans (selon ma propre évaluation).

Ils peuvent être modifiés à l'adolescence, mais ils ont tendance à rester fidèles à leurs origines le plus souvent, bien qu'ils puissent s'exprimer différemment.

Cependant, de même que chaque bébé, quelle que soit sa constitution génétique, peut apprendre à comprendre et à parler n'importe quelle langue, quels que soient l'endroit du monde ou les personnes avec lesquelles il grandit, chaque être humain a le potentiel, avec un environnement et un soutien appropriés, d'acquérir l'une des nombreuses stratégies d'adaptation, les règles internes générales (il est l'heure de se lever, d'aller travailler, de manger, d'aller se coucher, etc.).

Dans la plupart des cas, l'interaction entre la réaction de l'enfant – « Je suis fatigué, je ne veux pas sortir du lit » – et la structuration parentale –

« Tu dois te lever maintenant pour avoir le temps de te laver, de t'habiller, de manger et d'aller à l'école/au travail à l'heure » – est automatique, inconsciente et fonctionnelle.

Nous revenons ici au thème de base de cette série de livres, « vivre en harmonie ». Lorsque les réactions de l'enfant et les influences des parents ne trouvent pas un équilibre sain, nous commençons à souffrir.

Cependant, nous sommes plus que capables d'assumer une certaine quantité de souffrance, et nous l'acceptons comme faisant partie de notre vie quotidienne.

Ce n'est que lorsque la souffrance atteint une certaine fréquence et intensité que l'on considère qu'elle est devenue une maladie.

Et c'est à ce moment-là que le « thérapeute » doit entrer en scène et offrir au « patient » la possibilité de réagir différemment et d'élargir son éventail de stratégies d'adaptation.

5. Fonctions de l'enfant

Pour aider à réfléchir à la manière dont nous réagissons généralement aux situations personnelles et de vie, j'ai dressé une liste de dyades de réaction.

Cette liste est loin d'être exhaustive, et il existe sans doute de nombreux autres « contraires ».

Cependant, je trouve que c'est un point de départ intéressant pour réfléchir et discuter de la manière dont je pense que nous devrions considérer cette dimension de notre fonctionnement.

Une liste de base d'émotions et des réactions :

Dégoût	-	Désir
Peur		Confiance
Haine		Amour
Colère		Joie
Manque		Abondance
Tristesse		Heureux

Léthargique	Énergisé
Angoissé	Rassuré
Pessimiste	Optimiste
Stimulé	Ennuyé
Incapable	Capable
Mépris	Admiration
Surprise	Attente
Rébellion	Acceptation
Réactif	Passif
Agressif	Timide
Logique	Intuitif

Tout d'abord, il convient de noter qu'il n'y a pas de rimes, de rythme, d'ordre d'importance ou de valeur dans la façon dont cette liste a été conçue.

Il s'agit uniquement de ma propre réflexion sur certaines des façons les plus importantes de réagir aux événements de la vie.

L'autre élément essentiel à garder à l'esprit est qu'il n'existe pas de pôles positifs ou négatifs.

Toutes ces réactions peuvent être et seront appropriées dans certaines circonstances et à un certain degré.

Ce n'est que lorsque l'on se polarise et que l'on devient extrême dans une dimension quelconque que l'on se retrouve en difficulté.

Par exemple, si nous réfléchissons au continuum Incapable-Capable, il peut sembler évident que se sentir et agir de manière capable est le plus souhaitable.

Cependant, quelqu'un qui est bloqué par le retour positif, l'image de soi et la facilité à toujours, à tout prix, trouver des solutions par lui-même peut se retrouver à faire des erreurs terribles et parfois coûteuses.

Être conscient de ses limites réelles et savoir demander de l'aide de manière appropriée peut être un atout très important.

Une anecdote personnelle :

Il y a très, très longtemps, bien avant les applications de traitement de texte Word de Microsoft ou WordPerfect, les premières applications de traitement de texte sur ordinateur étaient logées dans une machine à usage unique – étrangement nommée « traitement de texte ».

Ces machines ultramodernes étaient achetées par le siège social et expédiées dans des bureaux peu méfiants, où les dactylos étaient censées déchiffrer les instructions cryptiques et profiter de cette nouvelle merveille de haute technologie.

Certains ont réussi, mais beaucoup n'ont pas réussi.

Étant au chômage, mais ayant eu un minimum de formation informatique, je me suis retrouvé à travailler pour la Brook Street, une agence d'intérim « spécialisée » dans le décryptage et la formation du personnel utilisant ces IFA (interplanetary office appliances).

Malheureusement, les manuels d'instruction omettaient souvent un détail plutôt insignifiant, mais utile dans le fonctionnement complexe de ces ordinateurs naissants : comment allumer ces machines ?!

Après un quart d'heure de recherche dans tous les recoins, le super spécialiste est obligé de demander à la jeune dactylo assise à côté de lui si, par hasard, elle sait où se trouve l'interrupteur.

En général, c'était tout ce qu'elle savait, mais c'était la seule chose qui m'empêchait d'avancer dans mon travail.

Être/devenir conscient de ses propres limites et être capable de demander de l'aide de manière appropriée peut faire la différence entre la réussite ou l'échec total d'une tâche.

De même, le fait d'être très en colère contre une injustice et de canaliser ensuite cette colère dans une activité et une action appropriées a considérablement amélioré notre monde.

Je le répète encore une fois, parce que c'est absolument essentiel, il ***n'y a pas de mauvaises réactions aux choses,*** pour autant que ces réactions soient raisonnables et appropriées dans leur forme et leur intensité.

6. Archétypes parentaux

Jusqu'à présent, bien que d'autres thérapeutes et chercheurs aient fait un excellent travail de définition des stratégies d'adaptation, les catégories étaient assez larges et générales, mais de portée limitée.

Ce que j'ai décidé de faire, c'est d'établir un grand nombre d'archétypes parentaux qui représentent certaines formes spécifiques de stratégies d'adaptation.

Pour cela, j'ai repris et développé mon expérience de l'animation de groupes, mais en utilisant désormais les professions comme points d'ancrage pour les attitudes, comportements et caractéristiques spécifiques qui peuvent être utiles et utilisables.

Ces dernières années, j'ai élargi et approfondi la portée et la gamme de ces archétypes, en constatant que des nuances spécifiques dans ces stratégies font une différence non négligeable pour mes patients.

Ne jamais s'éloigner du principe de base qui consiste à les aider à être plus en harmonie avec eux-mêmes et avec leurs situations réelles.

Comme pour nos fonctions « enfantines », qui sont toutes fondamentalement normales, naturelles et nécessaires, toute réponse parentale peut être utile.

Mais malheureusement, comme je l'ai mentionné plus haut, nous limitons rapidement nos propres choix de réponses parentales, ce qui signifie que dans de nombreuses situations, ces réponses sont loin d'être optimales.

En utilisant ces archétypes, il est souvent plus confortable pour le patient d'accepter que cela décrit l'une de ses stratégies de base pour faire face à la vie.

À partir de là, le patient et le thérapeute peuvent tous deux observer quelles stratégies ont été mises en place, dans quelles situations elles se sont avérées efficaces, et dans quelles situations ils ont tenté de faire face à des situations pour lesquelles leurs stratégies ne sont pas suffisantes ou même adaptées.

Ils peuvent alors réfléchir aux autres stratégies ou attitudes qui pourraient être plus appropriées et nous pouvons commencer à aider le patient à trouver les moyens d'activer cette partie de lui-même qui est capable de l'exprimer.

Il est clair que certaines stratégies d'adaptation sont beaucoup plus accessibles pour certaines personnes que pour d'autres.

Par conséquent, le choix d'un archétype parental spécifique n'est que le début de ce qui peut être un voyage long et difficile.

L'ouverture et l'activation d'une partie jusqu'alors inexistante du fonctionnement psychique et émotionnel d'une personne ne sont pas, en soi, une mince affaire.

Parallèlement, le patient devra déconnecter ses réactions « automatiques » à certaines situations et mettre en place une interaction dialectique entre les parties de lui-même qui « souhaitent » encore réagir d'une manière spécifique et l'approche parentale nouvellement activée, qui tente de l'orienter vers une autre voie.

Cependant, il n'est pas nécessaire d'attendre de souffrir au point de tomber malade pour bénéficier de cette approche.

En fait, tout adulte ou tout enfant ferait bien de s'interroger sur les styles d'adaptation qu'il a mis en place et sur la stratégie plus confortable, plus fonctionnelle ou plus efficace qu'il pourrait essayer.

C'est pourquoi cette approche a également été mise à la disposition du grand public (la publication de ce livre)…

7. Travailler avec les archétypes parentaux

7.1 Les six étapes

Le travail avec les archétypes parentaux est une approche en six étapes :

1. Identifier les comportements et les stratégies d'adaptation que nous utilisons habituellement et définir à quels archétypes nous pouvons les identifier.

2. Apprendre à dialoguer avec notre observateur intérieur et remarquer nos attitudes, comportements, pensées et sentiments lors de nos interactions quotidiennes et comment ils ne fonctionnent pas pour nous.

3. Identifier les comportements et les stratégies d'adaptation que nous n'utilisons pas habituellement, ceux qui pourraient être plus efficaces pour faire face à une situation spécifique,
et définir à quels archétypes nous pouvons les identifier.

4. Choisir une autre approche et travailler ensuite à découvrir, renforcer et (ré)intégrer cet aspect de nous-mêmes afin qu'il devienne solide et disponible pour nous soutenir dans le ou les moments où nous en avons besoin.

5. Dialoguer avec soi-même, dans le ou les moments appropriés, pour laisser tomber son système de fonctionnement habituel et bénéficier d'une approche différente.

6. Se donner les moyens d'obtenir un feed-back sain et continuer à travailler pour intégrer les meilleures nouvelles approches dans sa vie.

L'espace : physique (temps et disponibilité), mental, émotionnel et peut-être relationnel (un partenaire, un ami, un thérapeute), pour réfléchir au succès ou à l'échec de la capacité à changer son mode de fonctionnement et, si cela a réussi, à la pertinence de la nouvelle stratégie.

Utiliser ce feedback pour continuer à travailler à l'abandon des vieilles habitudes (améliorer l'échange dialectique en soi), et/ou renforcer une nouvelle approche, et/ou chercher une autre nouvelle approche, et/ou se féliciter d'avoir trouvé quelque chose de nouveau (même si ce n'est pas encore un succès à 100 %) et le renforcer.

7.2 Étape 1 – Ce que nous utilisons actuellement.

Identifier les comportements et les stratégies d'adaptation que nous utilisons habituellement et définir à quels archétypes nous pouvons les identifier.

Prenez le temps de regarder, de lire et de comprendre chaque carte, même si elles ne semblent pas avoir de rapport avec votre mode de fonctionnement actuel ou si elles ne semblent pas pertinentes pour vos problèmes actuels.

Notez au moins 20 situations auxquelles vous pensez et dans lesquelles les choses auraient pu se compliquer, même si vous les avez gérées de telle manière que les choses se sont bien passées.

Maintenant, écrivez au moins 20 situations où les choses n'ont pas tourné comme vous l'auriez souhaité.

(N.B. L'utilisation d'un stylo et de papier n'est pas obligatoire ; utilisez la méthode ou le support qui vous convient le mieux – bien qu'il puisse être intéressant de répéter ces exercices en utilisant différentes méthodes pour voir si elles apportent d'autres idées.)

Reprenez les cartes et cherchez vos archétypes dans les résultats positifs.

Maintenant, regardez à nouveau (n'essayez PAS de faire les deux simultanément ; cela peut sembler plus efficace, mais vous pourriez manquer de trouver un archétype spécifique à cause de cela).

Cherchez des cas où les choses se sont mal terminées ; quel type de stratégie parentale d'adaptation avez-vous mise en place ?

Dans le cadre de ces deux processus, il peut arriver que l'on ne soit pas sûr ou que l'on ne sache pas clairement quel (un seul, deux ou même trois) archétype a été actif, ou même, au cours d'une même situation, que l'on ait essayé différents types d'approches à différents moments.

En outre, il est plus que probable que vous vous aperceviez que vous avez utilisé les mêmes approches pour les résultats positifs et négatifs.

Cela revient à dire que la même énergie parentale a été active dans les deux cas.

Je vous suggère de faire trois piles de cartes : une pile pour les résultats positifs, une deuxième pile pour les résultats négatifs et une troisième pile pour les attitudes que vous avez adoptées face aux deux types de résultats.

Ne vous souciez pas d'être exact ! Il s'agit d'une approche basée sur les émotions ; ce qui vous semble juste est suffisant pour le moment.

Vous avez maintenant une idée de votre gamme actuelle d'approches et des domaines ou situations où ces stratégies ont tendance à être efficaces – et ceux où elles le sont moins.

En gardant les piles séparées, elles peuvent être mises de côté pour le moment pendant que nous portons notre attention ailleurs.

7.3 Étape 2 – L'observateur intérieur

Apprendre à dialoguer avec votre observateur intérieur et à remarquer vos attitudes, comportements, pensées et sentiments lors de vos interactions quotidiennes.

Cette approche est dialectique ; elle est basée sur votre capacité à ouvrir un dialogue intérieur constructif et créatif avec vous-même.

La première étape de ce processus consiste à mettre en place ce que nous appelons « l'observateur », bien que je préfère personnellement l'image de « celui qui regarde depuis la colline ».

Cela intègre l'idée de pouvoir prendre de la distance par rapport à sa propre activité intérieure et extérieure et de s'observer avec une certaine impartialité.

Encore une fois, c'est quelque chose qui existe en chacun de nous, et pour certains, cela peut non seulement être déjà actif, mais même, parfois, envahissant.

L'observateur est une fonction qui nous aide à prendre un peu de distance par rapport à nous-mêmes au cours de nos expériences et interactions quotidiennes.

Cependant, pour amener cette fonction de plus en plus à la conscience, le meilleur moment est le soir.

Trouvez-vous un endroit calme et réfléchissez aux interactions et aux expériences émotionnelles que vous avez eues pendant la journée.

[N.B. : Faire cela le soir présente plusieurs avantages évidents. Cependant, vous pouvez trouver que cela ne fonctionne pas pour vous, et qu'un autre moment de la journée fonctionne mieux – c'est à vous de voir.]

De même, si vous pouvez trouver le temps et l'énergie pour le faire régulièrement, même quotidiennement, alors le système s'intégrera plus rapidement et plus facilement dans votre fonctionnement, mais je suis conscient que nous avons des vies bien remplies et compliquées, faites du mieux que vous pouvez, mais ne renoncez pas à vous-même.

Maintenant, écrivez-les.

Étaient-elles « bonnes » ou « mauvaises » ?

Qu'avez-vous ressenti dans ces moments-là ?

Avez-vous eu des pensées conscientes ?

Une ou plusieurs de vos stratégies parentales sont-elles entrées en jeu ?

Pour la suite, certaines personnes, et des thérapeutes (pour des approches similaires), insistent sur le fait que cette interaction doit être écrite. Certains suggèrent même que pour l'aspect « enfant » (émotionnel, désirs, besoins et envies), on utilise notre « autre » main non dominante.

En tant que personne qui trouve tout protocole discutable et qui refuse d'entrer dans les systèmes rigides des autres, je préfère une approche plus ouverte.

Si quelque chose n'est pas totalement indispensable pour être fait de telle ou telle manière, ou de tel ou tel ordre, je crois que la personne, pour autant qu'elle soit investie dans un processus, trouvera ce qui lui convient le mieux à ce moment-là.

Par conséquent, si écrire des choses vous aide, alors écrivez ; si fermer les yeux et se détendre vous aide, alors détendez-vous, mais si ce dialogue peut avoir lieu pendant que vous faites des « choses », comme une activité physique, ce qui vous convient le mieux, alors « allez-y ».

Imaginez que vous êtes à la fois vous-même, la personne qui a vécu et expérimenté les événements, et, en même temps, un observateur indépendant, impersonnel et émotionnellement désinvesti.

Prenez le premier élément de votre liste et repensez à cet événement.

Comme il ne s'agit que de quelques heures, il ne devrait pas être difficile de se souvenir des faits, des sentiments et des pensées du moment.

Cela deviendra encore plus facile avec la pratique. Et au fur et à mesure que vous poursuivrez le processus, vous commencerez à remarquer, pendant le moment actif, qu'il se passe quelque chose dont il faudra se souvenir pour y réfléchir plus tard.

Cette augmentation de la conscience que quelque chose se passe, même dans des situations d'importance moyenne, est très importante.

Cela facilite une intention croissante de remarquer et d'enregistrer vos réalités intérieures et extérieures, ce qui, en soi, est une étape très importante dans l'activation et le renforcement de la fonction d'observateur.

Il est également important de noter qu'il ne s'agit que de la phase d'observation.

À ce stade, il n'y a pas de désir, d'attente ou de raison de faire un quelconque effort pour changer vos pensées, vos sentiments ou vos réactions.

Si cette idée vous frustre, tant mieux, elle vous incitera à vous investir encore plus dans cette étape du processus afin de pouvoir l'intégrer rapidement et passer à une phase plus « productive ».

Réfléchissez aux aspects que vous avez notés concernant ce premier événement.

Maintenant, demandez-vous, en tant qu'observateur, de décrire ce qui s'est passé pour vous dans cette situation.

Plus vous réussirez à individualiser ces deux facettes, à demander des détails, à vous souvenir et à « parler » de ces détails, plus vous progresserez rapidement.

(Il n'est pas nécessaire de parler à voix haute, vous ne feriez qu'effrayer votre entourage, qui sera encore plus convaincu que vous êtes vraiment fou.)

Les types de questions sont les questions « habituelles », que ceux d'entre vous qui ont suivi des thérapies de type interactif ou qui ont partagé en profondeur avec leur famille et leurs amis proches ont probablement déjà entendues.

« Que s'est-il passé pour que cette situation se crée ? »

« D'autres facteurs, peut-être du passé, ont-ils été impliqués ? »

« Quelle a été votre première réaction ? »

« À quoi pensiez-vous à ce moment-là ? »

« Que ressentiez-vous à ce moment-là ? »

« Quelles expériences passées, s'il y en a, vous viennent à l'esprit ? »

« Comment les autres personnes ont-elles réagi ? »

« Qu'est-ce que leurs réactions vous ont fait ? »

« Que s'est-il passé ensuite, parmi toutes ces questions ? »

« Comment la situation a-t-elle évolué ? »

« Comment ça s'est terminé ? »

La situation décrite ci-dessus peut très bien se rapporter à un conflit au travail, à la maison, dans la rue, avec des amis ou la famille, etc. Cependant, toute situation qui implique une sorte de choix ou de décision mérite réflexion :

Je dois prendre une autre glace ?
Quelle heure pour aller se coucher ?
Est-ce que je prête ma voiture à mon voisin ?
Devrais-je acheter cette paire de chaussures ?
Est-il trop tard pour téléphoner à ma mère ?
Ce haut va-t-il avec ce pantalon et ces chaussures ?
Est-ce que j'essaie de faire passer ce repas pour une dépense déductible des impôts ?
Et si j'essaie de discuter avec cette personne et qu'elle me repousse ?

Cependant, il existe également des types de problèmes liés à la façon dont nous gérons intérieurement des situations spécifiques

: lâcher prise, inquiétudes concernant l'argent, les relations, la santé, le travail, les études, autocritique, mauvaise image de soi, etc.

Note la plus importante :

Bien que nous fassions référence à nos comportements et réactions comme à des « aspects enfantins » de nous-mêmes, ces interactions **ne** doivent **pas** ressembler à un parent ou à un enseignant qui interroge et châtie un enfant méchant.

La seule fonction de l'observateur est de comprendre.

Que s'est-il passé ? Pourquoi c'est arrivé ? Comment me suis-je senti ? Quel a été le résultat pour moi ? Le résultat aurait-il pu être meilleur si j'avais réagi différemment (envers l'extérieur ou vis-à-vis de moi-même) ?

Ce n'est qu'une fois que ce dialogue est heureusement mis en place et que nous sommes capables de remarquer, sur le moment, que nous avons le choix de notre réaction, que nous pouvons passer à l'étape suivante.

7.4 Étape 3 – Ce que nous pourrions utiliser

Identifier les comportements et les stratégies d'adaptation que nous n'utilisons pas habituellement, qui pourraient être plus efficaces pour faire face à une situation spécifique, et définir à quels archétypes nous pourrions les identifier.

Sortez vos cartes.

Après avoir cherché à savoir comment nous avons agi dans le passé, nous pouvons commencer à réfléchir aux situations présentes et futures.

Là encore, vous pouvez commencer à écrire votre liste de situations, présentes et futures.

Dans les situations où vos stratégies actuelles ont réussi dans le passé, pas d'inquiétude, vous pouvez les cocher ; vous savez comment les gérer.

Nous passons maintenant à celles pour lesquelles vous n'avez pas réussi à trouver une approche satisfaisante.

De même, pour celles qui sont nouvelles et différentes, vous avez peu de chances de trouver un résultat satisfaisant en utilisant vos possibilités actuelles.

Pour cela, nous devons reprendre la pile des archétypes parentaux que vous n'utilisez pas en ce moment.

Cette fois, en regardant les cartes, essayez de vous autoriser à réfléchir à chaque stratégie possible.

Vous pourriez, voire devriez, vous surprendre avec certaines des façons inattendues de faire face à ces situations.

Si vous vous sentez émotionnellement attiré par une image, ne prenez même pas la peine de la lire, prenez-la simplement et mettez-la dans une pile qui fait référence à l'une de vos situations.

N'oubliez pas les situations qui se répètent, ce qui signifie que vous avez déjà essayé sans succès de les gérer dans le passé ; vous avez toujours la possibilité de réessayer à l'avenir.

Bien qu'il puisse être décourageant d'avoir l'impression de ne pas réussir à gérer correctement une situation récurrente et problématique, cela peut également avoir une dimension positive.

- Plus vous essayez et échouez souvent pour améliorer une situation problématique, plus vous en acquerrez de l'expérience et plus il est probable, si vous restez créatif et optimiste, que, tôt ou tard, vous trouverez une solution qui fonctionne.

On peut penser à des histoires ou des films de science-fiction ou de fantasy, dans lesquels le protagoniste a la possibilité de revenir à certains moments clés de son passé et de dire ou faire quelque chose de différent, dans le but de changer le résultat final.

Dans le cas d'un scénario répétitif, aussi frustrant que cela puisse être de se retrouver dans cette situation, vous pouvez considérer cela comme une occasion en or de continuer à jouer différentes « cartes » jusqu'à ce que vous trouviez la combinaison gagnante ; cela devrait vous donner la motivation nécessaire pour continuer à travailler.

Une des choses que j'aime faire pour me détendre est de jouer à un jeu de patience sur l'ordinateur – le « Spider solitaire » à 3 paquets. En jouant à la variante à trois paquets, je me retrouve souvent bloqué.

Cependant, comme je me donne un nombre illimité d'essais et que je peux revenir en arrière, même au tout début d'une partie, je gagne toujours.

J'ai juste besoin de patience et de créativité pour continuer à essayer de nouvelles stratégies jusqu'à ce que je trouve la combinaison « magique » qui me permettra de gagner.

Dans la vie réelle, faire face à des personnes et des situations concrètes peut s'avérer bien plus difficile que de trouver une stratégie gagnante pour un jeu de cartes.

En revanche, si cette situation vous fait souffrir continuellement, vous avez peu à perdre et tout à gagner, alors continuez à essayer de trouver une solution.

Maintenant, si vous avez un thérapeute, des amis proches ou des membres de votre famille prêts à vous soutenir dans cette démarche, prenez vos listes et vos piles de cartes et demandez-leur s'ils sont d'accord avec vos conclusions.

S'ils le sont, tant mieux. S'ils ne le sont pas, encore mieux.

Comme l'appréciation que les autres ont de qui nous sommes et de ce qui pourrait être le mieux pour nous diffère souvent de la nôtre, une autre vision de notre fonctionnement et de ce qui pourrait être une manière intéressante d'améliorer nos façons de gérer les choses peut être très éclairante.

Toutefois, cela ne signifie certainement pas que vous devez ou devriez accepter totalement leurs idées et rejeter les vôtres.

Définitivement non.

Incluez leurs appréciations dans vos réflexions et inspirations et tirez vos propres conclusions.

Après tout, il s'agit de votre vie, et vous en êtes l'ultime responsable.

7.5 Étape 4 – Intégrer d'autres archétypes

Travaillez à découvrir, renforcer et (ré)intégrer cet aspect de vous-même afin qu'il devienne solide et disponible pour vous soutenir dans le ou les moments où vous en avez besoin.

Le travail sur le renforcement et l'intégration de chaque archétype parental est un défi individuel en soi.

Une fois que vous avez choisi d'essayer de mettre en place un archétype parental spécifique pour faire face à une situation ou un problème particulier, prenez la carte et photocopiez-la plusieurs fois ; prenez la description de la carte et photocopiez-la.

Collez des copies de l'image dans des endroits que vous verrez tous les jours.

Mettez une copie d'une image et la description à côté de votre lit.

Avant de vous endormir, lisez la description et jetez un dernier coup d'œil à l'image.

Fermez les yeux et méditez sur la description et l'image.

Imaginez que vous êtes dans une situation où cette attitude serait appropriée et agissez de la sorte.

Si possible, prenez un moment dans la journée pour répéter cet exercice.

Recherchez des images et des scènes où les gens agissent avec succès de cette manière.

Répétez et répétez jusqu'à ce que vous sentiez que cela est intégré et activé.

Si vous avez cessé de le faire pour cette carte et que vous ne parvenez pas à exprimer cette énergie parentale lorsqu'elle est sollicitée, recommencez simplement votre rituel quotidien.

Lorsqu'un archétype vous semble disponible, vous pouvez passer au suivant.

7.6 Étape 5 – Une nouvelle approche

Dialoguer avec soi-même, dans le ou les moments appropriés, pour laisser tomber son système de fonctionnement habituel et bénéficier d'une approche différente.

À un moment donné, alors que vous êtes en train de noter ce qui se passe pendant la journée (pour l'enregistrer en vue de vos discussions avec votre observateur intérieur), vous commencerez à sentir qu'une partie de vous-même s'active.

En fait, plus vous vous investissez dans ces dialogues, plus ils feront naturellement partie de votre vie quotidienne.

Et, tant que vous vous êtes assuré de la neutralité positive de cet aspect de vous-même, cette présence secondaire est vécue comme un compagnon amical et solidaire. Ce dernier vous aide à remarquer quand une situation (intérieure ou extérieure) est devenue, commence à devenir ou risque de devenir problématique.

C'est ce que j'appelle le moment du « drapeau rouge ».

C'est à ce moment-là que vous devez faire une pause.

C'est le moment de choisir comment répondre.

Cependant, étrangement, cela *ne* signifie *pas* qu'il faille arrêter l'interaction que vous avez.

Dans presque toutes les discussions, et encore plus dans de nombreuses situations de conflit, il y a beaucoup de temps pour s'arrêter et réfléchir.

L'autre personne semble souvent avoir beaucoup de choses à dire et, la plupart du temps, vous savez déjà de quoi elle va parler.

La capacité à suivre la conversation et à s'investir dans un dialogue intérieur profond peut sembler, au premier abord, surprenante.

En réalité, c'est plus que faisable.

C'est là que la possibilité, dans le feu de l'action, au milieu d'une dispute, d'une émotion forte, voire d'une action, de continuer à dialoguer avec l'observateur et le nouvel archétype parental est essentielle.

Comment arrêter ce que l'on est en train de faire ou de dire pour prendre le temps d'entrer dans cette discussion et cette réflexion au milieu d'une situation intensément émotionnelle ?

C'est étonnamment facile.

Le temps que les autres passent à argumenter, à crier et à nous attaquer est relativement lent par rapport à la vitesse de la pensée.

Je travaille personnellement sur ce sujet depuis quelques années maintenant, et je peux sans aucun doute attester qu'il y a un temps considérable pour penser, réfléchir et décider un moment dans la plupart des discussions animées.

Bien sûr, cela n'est pas évident et il faut du temps et des efforts pour acquérir cette faculté.

Cependant, il s'agit de la façon dont vous choisirez de fonctionner pour le reste de votre vie ; quelques mois d'efforts en valent sans doute la peine.

Après avoir passé un certain temps à intégrer les archétypes parentaux, c'est le moment de faire appel à l'un d'entre eux pour vous aider à réagir de la manière la plus appropriée.

Il est peu probable que vous réussissiez à 100 % les premières fois où vous essaierez.

Vous avez toujours agi et réagi d'une façon ou d'une autre, et il est naturel de choisir automatiquement l'une de ces options.

Et lorsque la douleur et la souffrance sont internes, nous avons tout le temps du monde pour dialoguer avec nous-mêmes.

Oui, il pourrait bien y avoir des formes de conflit intérieur entre les opinions, les valeurs, les attitudes et les comportements de toute une vie et la nouvelle approche.

Vous pourriez commencer par réagir comme d'habitude, réussir à faire appel à la nouvelle approche et la suivre pendant un moment, pour ensuite craquer et finir, « comme d'habitude », par le résultat inacceptable que vous avez malheureusement l'habitude de connaître.

Ne vous inquiétez pas, comme on dit, « Rome ne s'est pas construite en un jour » ; aucun bébé n'apprend à marcher la première fois qu'il réussit à se traîner jusqu'à la position debout.

Il s'agit d'un changement très difficile à réaliser ; vous devrez simplement continuer à essayer et faire preuve d'un peu de patience envers vous-même.

7.7 Étape 6 – Retour d'information et ténacité

Se donner les moyens d'obtenir un feed-back sain et continuer à travailler pour intégrer les meilleures nouvelles approches dans sa vie.

Se donner l'espace, physique (temps et disponibilité), mental, émotionnel et peut-être relationnel (un partenaire, un ami, un thérapeute), pour réfléchir au succès ou à l'échec de l'essai d'une nouvelle approche.

Je ne saurais trop insister sur l'importance d'avoir des attentes raisonnables à l'égard de vous-même et de votre capacité à vous changer et à améliorer votre vie à court terme.

Cette approche n'est pas une formule miracle pour se transformer en une sorte de métapersonne.

Elle est tirée de ma pratique psychothérapeutique, où l'on considère qu'une thérapie relativement courte dure entre 4 et 9 mois.

Si vous continuez à travailler sur ce point, je vous garantis que la plupart des gens (ceux qui n'ont pas de problèmes émotionnels sous-jacents importants) commenceront à voir leur vie changer au cours de la première année.

Utiliser ce retour d'information pour continuer à travailler à l'abandon des vieilles habitudes (améliorer l'échange dialectique en soi), et/ou renforcer une nouvelle approche, et/ou chercher une autre nouvelle approche, et/ou se féliciter d'avoir trouvé quelque chose de nouveau (même si ce n'est pas encore réussi à 100 %), et renforcer cela.

8. Travailler avec un thérapeute professionnel

Cette approche est quelque chose que j'ai développé et que j'utilise comme un outil supplémentaire dans ma pratique psychothérapeutique habituelle.

Je ne l'utilise pas comme approche principale ou unique ; elle est intégrée à mon travail de thérapie globale.

Bien que, comme je l'ai expliqué dans l'introduction, ce processus soit le fruit de mes propres réflexions et expériences, mes études et mes formations continues m'ont mis en contact avec de nombreuses autres théories et approches psychothérapeutiques.

Dans une certaine mesure, une partie de cette masse de connaissances relie ou soutient théoriquement le travail avec les archétypes parentaux.

Si l'on regarde dans la direction opposée, il existe de nombreux éléments et idées qui s'intègrent très bien dans plus d'un courant thérapeutique.

La dernière partie de ce travail est orientée vers l'appréciation d'autres théories de l'esprit, styles de thérapie et techniques thérapeutiques.

Tout thérapeute formé et/ou accrédité devrait être plus que capable d'intégrer l'I. P. dans son travail avec vous. C'est à vous de leur demander et de leur présenter notre travail s'ils ne sont pas déjà au courant.

Toutefois, si, par hasard, un thérapeute est formé et certifié en hypnose, cela peut constituer un avantage considérable pour un patient.

La phase de travail sur la (ré)intégration et le renforcement des fonctions parentales archétypales pourrait être grandement facilitée et augmentée par des techniques hypnotiques : prendre la fonction sur laquelle on travaille et créer une induction hypnotique qui relie cet archétype à des images et des expériences pour le patient pendant la transe.

Cela amplifiera considérablement les messages d'ouverture, de recherche, de découverte, d'acceptation et d'utilisation de cette facette parentale.

9. Travailler en groupe

Il existe deux types de groupes fondamentalement différents, soit avec un focalisateur formé, souvent professionnel, soit où chaque membre du groupe est un participant égal.

Comme indiqué plus haut, j'ai passé huit ans à animer des groupes dans notre centre de psychothérapie et je peux volontiers témoigner de l'intérêt et de l'enthousiasme des patients qui y ont participé.

(Bien qu'il y ait eu une attrition naturelle avec un besoin régulier de continuer à introduire de nouveaux participants – ce qui est typique dans nos circonstances.)

La capacité d'un animateur de groupe expérimenté, surtout s'il a accès à l'histoire, aux problèmes, aux progrès et à la situation de vie actuelle de chaque membre, à animer ce groupe peut être un énorme atout.

Dans mes groupes, j'ouvrais toujours la session en demandant si quelqu'un avait quelque chose d'intéressant à partager, une expérience positive liée au travail intérieur qu'il entreprend ou une situation difficile qui apparaît comme une problématique à travailler.

Bien que l'expérience positive apporte un renforcement important à la dynamique de groupe, ce sont les expériences négatives qui me profitent le plus, car elles me conduisent à utiliser cette expérience comme base du groupe de la semaine.

Évidemment, le chef de groupe doit être capable, sur le moment, de tirer parti de cette ouverture.

Toutefois, cette approche rend le niveau d'expérience et de compétence moins critique que d'autres.

Je reviendrai sur cette réflexion un peu plus tard.

Malheureusement, j'ai constaté qu'il est relativement rare que les gens apportent des thèmes et des situations sur lesquels travailler.

C'est là que la connaissance des patients peut être la plus utile.

J'ai eu la grande chance (bien que ce ne soit pas une grande surprise) que la plupart des membres de mon groupe soient également des patients que je suivais individuellement.

Cela signifie qu'au cours de leurs sessions individuelles, je gardais à l'esprit qu'ils étaient également des participants au groupe et je planifiais les thèmes qui leur seraient les plus utiles.

De cette façon, si les membres du groupe n'apportaient aucun thème ou situation, j'avais déjà (du moins dans mon esprit) préparé quelque chose.

Je peux mentionner, ou non qu'un thème particulier a été choisi en fonction d'un patient spécifique ; je suis toujours très conscient des limites du secret médical, et je peux choisir la discrétion comme voie la plus sûre.

De la même manière, un focalisateur professionnel peut être un véritable atout pour le processus de groupe.

Cependant, un professionnel n'est pas toujours disponible ou souhaité.

La structure du groupe d'entraide est également une alternative tout à fait valable, où chaque membre a le même statut que tous les autres.

La manière dont tel groupe pourrait fonctionner est ouverte à de très nombreuses variantes.

Pour ouvrir la réflexion, je vous propose une formule qui me semble intéressante, amusante et utile.

Il s'agira pour un participant (par session) de partager son processus, tel que décrit ci-dessus dans « Travailler avec les archétypes parentaux ».

Celui-ci offre une expérience personnelle, mentionne l'archétype qu'il a utilisé dans le passé et décrit le résultat infructueux.

Il partage ensuite les archétypes qui, selon lui, pourraient apporter un meilleur résultat et explique pourquoi.

À ce stade, les autres participants indiquent s'ils sont d'accord avec les nouveaux choix effectués et font des suggestions s'ils en ont.

À partir de cette discussion, une nouvelle stratégie parentale est choisie.

Un jeu de rôle est ensuite mis en place pour recréer la situation du participant, les membres du groupe jouant les rôles dans la situation décrite.

Cependant, le protagoniste choisira également deux personnes pour jouer ses archétypes parentaux, l'habituelle et la nouvelle approche.

Le jeu de rôle se déroule avec les deux archétypes qui suggèrent et soutiennent l'acteur principal dans sa façon de faire face à la situation.

Habituellement, je termine mes sessions par du thé, des biscuits et une discussion, ce que je suggère ici.

En fonction des exigences des membres du groupe et de leur créativité, il peut y avoir, comme nous l'avons mentionné, de très nombreuses façons de gérer un groupe de ce type.

10. Formations, validations et protections juridiques

Dans la plupart des thérapies « modernes », les techniques sont protocolisées, puis le nom, les procédures et les formations sont validés et protégés.

Cela permet non seulement de garantir la qualité du travail et le sérieux des thérapeutes, mais aussi de créer une activité énorme et lucrative.

Je ne crois pas que la plupart des personnes qui ont créé des thérapies récemment aient eu l'idée, avant tout, de développer des mini-industries autour d'elles, mais leurs modèles d'enseignement l'engendrent.

Je n'ai aucune envie de recréer une telle industrie.

J'ai donc totalement renoncé à l'idée de formations et de validations formelles.

Tout le monde est libre de reprendre ces idées et de se constituer en « thérapeute ».

Cela signifie qu'il n'y a aucune garantie quant à l'honnêteté, la compétence ou le sérieux de toute personne qui se présente comme praticien de cette approche.

Il appartient à chacun de juger de la qualité de toute personne qui se présente comme un professionnel de cette technique.

Je vous suggère d'organiser une première rencontre, sans paiement, pour aller à la rencontre de la personne, soit individuellement, soit en participant à une séance de groupe.

Ensuite, si tout semble correct, commencez vos séances avec le professionnel.

Veuillez **ne pas** conclure d'accord vous obligeant à payer plus que le prix d'une séance si vous n'annulez pas plus de 24 heures avant la date prévue de la séance.

Ce processus vise à éveiller et à renforcer vos propres parents intérieurs, et non à céder votre pouvoir à qui que ce soit.

Quelle que soit la logique qu'ils essaient de vous vendre sur le fait de « s'engager dans un processus » ou en vous disant « vous rencontrerez une résistance, vous devez donc me laisser vous aider à la combattre », que vous payiez ou non, toute session à laquelle vous participez doit relever de votre propre choix.

C'est ainsi que je l'ai imaginé, et je suis l'arbitre final sur ce point !

11 Une introduction aux cartes

Lorsque j'ai commencé à écrire ce livre (il y a plusieurs années), j'y ai intégré les images et les descriptions des cartes.

Cependant, lorsque j'ai relancé le projet, j'ai pensé à les séparer temporairement pour simplifier mon processus d'écriture (oui, nous savons tous que je suis bizarre).

Au fur et à mesure de la rédaction, je me suis rendu compte que cette partie de l'ouvrage compterait entre 250 et 300 pages.

C'est alors que j'ai décidé de diviser le projet en deux (trois, si l'on compte les cartes elles-mêmes.).

Toutefois, si vous n'avez pas encore décidé d'acheter le livre d'images et de descriptions, j'ai pensé à inclure plusieurs « cartes » à titre d'exemple.

Profitez bien….

11.1   Le danseur

Le danseur comprend les rythmes et les flux de la vie.

Regardez une troupe de danseurs valser dans une salle de bal.

Ils se tournent, ils se balancent, ils plongent et s'enfoncent. Et pourtant, leur espace personnel n'est jamais mis en cause.

Un danseur sait comment manœuvrer dans la vie ; avec douceur, avec élégance, mais sans les restrictions imposées par les autres.

Aspects négatifs

Éviter élégamment toute confrontation ou tout conflit peut être une façon très confortable de manœuvrer dans la vie.

Pourtant, il faut parfois protéger un certain territoire et accepter de se cogner la tête.

Le danseur

Le danseur est un personnage intéressant ; il réussit dans la vie, non pas en se battant, en fuyant ou en restant immobile.

La technique gagnante du danseur consiste à tourner et à se faufiler entre tous les obstacles et les autres de manière à atteindre ses objectifs sans remettre en question ni bloquer les autres sur leur propre chemin.

Bien que cela puisse sembler être un pouvoir inné et magique, cela peut aussi s'apprendre.

Il est de la plus haute importance d'avoir une idée claire de l'endroit où l'on souhaite se rendre et de savoir où les autres se trouvent et se dirigent.

À partir de ce moment, il est essentiel de se désintéresser totalement de ce que les autres peuvent réussir ou échouer.

C'est l'absence réussie de contacts qui rend la danse si douce, fluide et paisible.

Cependant, il ne s'agit en aucun cas d'abandonner toute stratégie pour progresser.

Cela signifie simplement que ces approches n'ont pas d'angle de compétition où les autres collègues ou prétendants sont attaqués.

Faire de son mieux et être vu comme le meilleur, c'est bien. Essayer d'ignorer le gars à côté de vous n'est pas bien.

Il est particulièrement important de laisser aux autres leur espace et d'être poli, amical et prévenant.

Il peut s'agir d'une stratégie très intéressante face à des environnements très agressifs ou concurrentiels.

11.2   Le Grand Patron

Le Grand Patron est une personne qui prend le contrôle total et la responsabilité totale lorsque les choses se compliquent.

Il a confiance en lui pour faire face aux situations difficiles, plus que quiconque.

Quand les choses se compliquent, le patron s'y met.

Aspects négatifs

Prendre le contrôle des situations difficiles signifie que vous prenez toutes les décisions importantes.

Cela peut être très destructeur dans de nombreuses situations relationnelles.

Le Grand Patron

La personne qui prend la responsabilité et le contrôle dans les moments de crise.

J'ai un dicton :

Le contrôle doit s'accompagner de responsabilités.

La responsabilité doit s'accompagner d'un contrôle.

Toute autre chose et les problèmes suivront.

Tu te perds dans un trou, pas drôle.

Le Grand Patron est l'exemple extrême d'une personne qui assume à la fois un contrôle total et une responsabilité totale.

C'est l'expression ultime de la confiance en ses propres capacités et aptitudes.

Et cette attitude s'accompagne de la liberté suprême de pouvoir diriger tous les aspects d'un projet.

Bien sûr, cette opportunité n'est pas pour tout le monde et nous ne sommes pas tous susceptibles de ressentir la confiance intérieure nécessaire pour l'assumer, pas plus qu'on nous donne « carte blanche » pour prendre en charge de grands projets.

Cependant, je me suis souvent trouvé dans des circonstances où cette attitude a débloqué une situation de blocage.

Il n'a pas fallu prendre un risque énorme ni un niveau de compétence ou de capacité énorme. Il suffit d'être prêt à assumer la responsabilité de faire quelque chose et d'en accepter la faute, si ça ne marche pas.

Habituellement, dans ces moments-là, c'est parce que personne d'autre n'était prêt à tenter quelque chose qu'il n'avait jamais fait auparavant ou parce qu'il pensait qu'il serait fortement critiqué si les choses ne se passaient pas comme prévu.

Nous sommes souvent limités dans notre capacité à assumer ce rôle par crainte de déranger ou de contrarier les autres.

Cependant, lorsque nous nous trouvons, directement ou indirectement, dans une sorte de situation de survie, la validation ou l'appréciation des autres n'a que peu ou pas d'importance.

Craignez-vous de ne pas disposer des ressources nécessaires ? Ou des compétences ? Ou de l'énergie ? Ou de la détermination ?

Regardez autour de vous. Y a-t-il quelqu'un d'autre qui semble être prêt, désireux et capable de prendre la relève ?

Si la réponse est non, c'est peut-être à vous de vous lancer et de vous préparer à vous lancer.

Prenez la responsabilité, prenez le pouvoir.

C'est peut-être le moment de vous prouver à vous-même et à tous les autres que vous êtes capable d'occuper le siège derrière le bureau du grand patron.

11.3   Le joueur

Le joueur prend des risques.

Le bon joueur prend des risques en fonction de sa capacité de jugement.

Un bon joueur sait comment juger si un risque vaut la peine d'être joué.

Un bon joueur gagne beaucoup plus qu'il ne perd.

Aspects négatifs

Parfois, nous sommes tellement convaincus que quelque chose est juste que nous sommes prêts à tout miser dessus.

Parfois, nous pouvons avoir tort !

Le joueur

Il prend des risques, parfois très importants, en se basant sur ses propres ressources, connaissances, compétences, expériences et forces.

Toute décision importante que nous prenons dans notre vie implique de prendre des risques.

Commencer une relation, rester dans une relation ou mettre fin à une relation peut tous apporter plus ou moins de bonheur.

Dans la même logique, le fait de commencer un nouvel emploi, de le conserver ou de le quitter peut faire progresser, bloquer, stabiliser ou compromettre vos perspectives de carrière à court et à long terme.

Peut-être ne considérez-vous pas ces actions ou non-actions comme des jeux d'argent.

Chaque fois que nous risquons nos ressources limitées pour un résultat qui n'est pas certain, il s'agit d'une forme de pari.

Le temps, l'énergie et l'argent sont nos ressources les plus importantes.

Il existe un concept théorique appelé « locus de contrôle », développé par le psychologue américain Julian B. Rotter.[4]

Il y explique que chacun d'entre nous ressent l'issue des événements comme étant générée soit intérieurement par ses propres attitudes et actions, soit principalement par des événements qui lui sont extérieurs.

La différence fondamentale entre un joueur amateur et un professionnel est que l'amateur pariera sur la roulette un élément sur lequel il n'a aucune influence, quelle qu'elle soit, alors que les professionnels se dirigeront vers la table de poker, un jeu, bien que fortement influencé par la « chance des cartes », qui permet un résultat très différent, basé sur l'habileté du joueur.

---

[4] Rotter, J.B. (1954). Social learning and clinical psychology. NY : Prentice-Hall.

C'est notre capacité à avoir confiance en nous-mêmes, en nos compétences, en notre éducation et en notre formation, ainsi qu'en notre éthique de travail qui influencera le résultat de toute entreprise.

Une autre anecdote personnelle.

À 38 ans, j'ai déménagé en Suisse pour être avec ma petite amie.

Je ne parlais pas la langue, je n'avais pas fait d'études sérieuses depuis que j'avais terminé mon premier diplôme en 1980, à 23 ans, et je n'avais pas intégré le fait que le taux d'échec standard dans les universités suisses, en psychologie, était de 50 % chaque année !

En fait, le risque d'échec était énorme.

Cependant, comme je n'avais jamais échoué dans mes études (j'avais parfois des notes particulièrement basses), j'avais ce qui semble aujourd'hui être une attente déraisonnablement positive de mes capacités académiques.

Donc, pour reformuler cela en des termes plus psychologiques : comme ma perception du locus de contrôle pour réussir à l'université en Suisse était principalement interne, et comme mes expériences antérieures de mes capacités étaient positives, j'ai pu accepter de risquer toutes les ressources (temps, efforts et argent) dans ce pari particulier.

Pour avoir pris ce pari (il y a 27 ans), je suis, depuis ce mois-ci (août 2022), un psychologue, psychothérapeute totalement indépendant avec le droit de facturer directement les assurances maladie suisses, en mon nom propre.

[La loi vient d'être modifiée – NDLR.]

Soyez un joueur.

Jouez sur vous-même !

11.4   Le type des montagnes russes

La vie a ses hauts et ses bas, prenez chaque moment pour ce qu'il est, bon ou mauvais, il ne durera pas.

Parfois, nous n'avons aucun contrôle sur ce qui nous arrive – il faut donc lâcher prise et aller là où la vie nous mène.

Vivre l'instant présent est très important, mais le temps est un flux, suivez le courant.

Aspects négatifs

Le sentiment de n'avoir aucun contrôle sur sa vie peut conduire à un sentiment d'impuissance et de dépression.

Le lâcher-prise doit être soigneusement dosé.

Le type des montagnes russes

La vie a ses hauts et ses bas.

Parfois, nous pouvons influencer et contrôler ce qui nous arrive, parfois non.

Une fois que vous vous trouvez assis sur des montagnes russes, il n'y a rien d'autre à faire que d'en profiter.

Pour le bien ou pour le mal, nous pouvons nous retrouver bloqués dans certaines situations dont il est difficile, voire impossible, à court, moyen ou long terme, de se sortir.

Souvent, le sentiment d'être piégé est l'aspect le plus douloureux de la situation.

Comme dans presque tous les cas, lorsqu'on est mal à l'aise à propos de quelque chose, il y a deux options claires, soit changer sa réalité physique, externe, soit changer ses attentes émotionnelles, psychologiques, internes.

C'est, bien sûr, le principe de base de la vie en harmonie.

Je n'ai pas choisi l'image des montagnes russes par hasard. Je n'aime pas particulièrement y monter.

Je les monte pour faire plaisir à mes enfants.

J'ai facilement le mal des transports.

Je me sens immédiatement pris au piège, sachant que dès que la barre de sécurité s'enclenche, il est impossible de revenir en arrière.

Donc, tout ce que je peux faire, c'est relâcher.

Relâchez et détendez-vous.

Relâcher et détendre mon corps pour réduire toute résistance.

Je recherche toutes les expériences agréables que je peux.

Je me sens satisfait, voire fier, d'être capable d'assumer cet inconfort de courte durée, en aidant mes enfants à vivre cette expérience, pour eux, agréable.

Une fois que nous choisissons d'accepter qu'il y a certaines circonstances dans la vie auxquelles nous ne pouvons pas échapper, nous ne pouvons qu'accepter et vivre à travers elles.

Alors, et seulement alors, nous pourrons nous donner l'espace intellectuel et émotionnel nécessaire pour réfléchir à la manière de réduire les aspects négatifs et d'investir dans les aspects positifs que nous pouvons trouver.

Je cite souvent ce livre merveilleux, *Une journée d'Ivan Denissovitch*, publié pour la première fois en 1962[5].

Ivan Denissovitch Choukhov a été condamné (injustement) à 11 ans de prison dans un camp du système soviétique du goulag.

Les conditions sont très dures et il n'y a aucune chance de libération anticipée.

---

[5] One Day in the Life of Ivan Denisovich, Alexandre Soljenitsyne, Penguin Putnam Inc, 1995

Et pourtant, le livre est plein d'humour et d'optimisme. Même dans cet environnement terrible, ce prisonnier réussit à trouver des raisons de considérer cette journée comme « une bonne journée ».

Lorsque vous êtes coincé dans les montagnes russes de la vie, ne luttez pas contre elles, laissez-vous aller.

Il a relâché tout contrôle et est libre de faire l'expérience de la vie sans avoir à prendre de décisions.

Libérez votre besoin de contrôle… et profitez-en !

12 Parentalité intérieure et maladies psychiatriques

Le modèle PI peut également être utilisé pour réfléchir aux maladies psychiatriques.

Dans ma pratique, il m'a souvent été utile de pouvoir trouver une imagerie simple pour expliquer aux patients certaines notions souvent complexes.

Le modèle PI peut être utile dans certains cas.

Ce à quoi il faut faire très attention lorsqu'on simplifie un concept, c'est de ne jamais oublier que la vie est multifonctionnelle et multi élémentaire. C'est-à-dire qu'elle est complexe et qu'aucune raison ou élément unique n'est susceptible d'expliquer la totalité de quoi que ce soit.

De par la nature de ce travail, les réflexions qui suivent ne sont que limitées et partielles.

Une note supplémentaire sur l'accent mis sur le dysfonctionnement des parents.

Il a été postulé qu'« il n'y a pas de mauvais enfants, seulement de mauvais parents ». Dans cette approche, il s'agit d'un mantra que nous suivons.

Si les réactions de l'enfant sont incontrôlables, cela est dû à un manque de fonctions parentales appropriées.

12.1 Dépression et trouble bipolaire

D'après mon expérience, la dépression peut provenir de plusieurs facteurs spécifiques différents.

Conflit intérieur : Un conflit intérieur est comme une guerre civile ; le système est en conflit ouvert ou caché avec lui-même.

En cas de guerre civile, même un pays très fertile peut connaître la famine, car la plupart des travailleurs quittent les champs pour se battre.

Le manque considérable d'énergie et de motivation peut être considéré comme un parallèle évident avec cette situation.

Il est également évident qu'il s'agit d'une conséquence naturelle du fait de ne pas vivre en harmonie avec soi-même.

La fonction parentale n'a pas pris conscience du conflit intérieur et/ou n'a pas trouvé de solution pour le résoudre ou pour calmer et soutenir les émotions négatives.

Par exemple : Ma fille de 4 ans commence l'école ce lundi. Elle est très enthousiaste à ce sujet.

Nous avons rééquipé sa chambre et elle était en train d'acheter son nouveau matériel scolaire (sac à dos, etc.) lorsqu'elle est soudainement devenue très difficile, n'appréciant pas ce que ma femme avait à offrir.

Puis elle a fait une crise de larmes.

Ma femme, à juste titre, y a vu l'expression de sa peur cachée de quitter le jardin d'enfants et d'entrer dans un nouvel environnement effrayant…

Elle, étant un parent approprié, a laissé les émotions émerger.

Elle lui a ensuite parlé de la situation et lui a fait admettre qu'elle ne voulait pas quitter l'école maternelle.

En étant capable d'admettre et d'exprimer son conflit intérieur, elle pourrait alors être réconfortée et soutenue dans le changement majeur qui l'attend.

(Ce à quoi, d'ailleurs, elle ne peut absolument rien faire.)

Cela nous amène doucement à un deuxième thème, l'**impuissance.**

La dépression est souvent vécue comme l'entrée dans une grotte qui ne cesse de s'abaisser et de s'assombrir.

Il n'y a pas de fond, pas de fin, pas de sortie.

« Tu peux le faire. » (Le coach)

« Je peux vous aider. » (Le champion)

« Nous pouvons le faire ensemble. » (Le leader)

« Faisons un plan. » (Le maître d'échecs)

« Laisse tomber et recommence. » (L'abdicateur)

« Les choses peuvent s'améliorer. » (Le Dieu Soleil)

Etc., etc.

Mon travail consiste à les aider à voir leur situation comme un long, voire difficile, tunnel, dont ils sortiront tôt ou tard.

Le trouble bipolaire peut être considéré comme une polarisation entre une fonction parentale hyperactive, trop exigeante et/ou trop restrictive (juge, policier, horloger), et une période où la fonction parentale est « démantelée », avec peu ou pas de structure ou de limites.

La fonction parentale, trop exigeante et trop restrictive, laisse peu d'espace pour se sentir bien dans sa peau.

On ne peut jamais être assez bon ; il y a peu de place pour l'optimisme, la libre expression ou la satisfaction de ses capacités.

Le résultat est la résignation dans une vie de négativité grise – la dépression.

Toutefois, il peut arriver que, pour diverses raisons, ces figures parentales soient temporairement remplacées par un « abdicateur », qui abandonne sa responsabilité et laisse l'enfant fonctionner sans soutien ni limites.

Dans ces moments-là, de nombreux désirs, besoins et envies peuvent être exprimés et mis en œuvre – c'est la **manie.**

En aidant la personne à équilibrer ses figures parentales surchargées, nous pouvons atténuer les pressions chroniques et, par conséquent, éviter le retour extrême du pendule.

12.2 Anxiété, TOC et panique

Le malheur est à venir, ou pire, il est déjà là.

Il existe une certaine menace qu'il est souvent difficile de clarifier ou contre laquelle il est difficile de se défendre.

Il s'agit généralement de troubles à relativement long terme dus à un dérèglement particulier d'une fonction parentale.

La réaction naturelle de peur, due aux événements habituels de l'enfance, au danger physique, aux défis éducatifs et aux normes familiales et sociales, a été renforcée et amplifiée.

Là où un parent approprié nuancerait la menace ou les attentes de l'environnement, ici, nous constatons souvent qu'une figure parentale importante dans l'enfance a transmis ses propres démons à l'enfant.

Le perfectionnisme est l'une des conséquences négatives possibles de ce type d'éducation.

Il y a un réel manque de capacité à déterminer le niveau approprié de vigilance ou de qualité que la personne doit atteindre pour se sentir en sécurité dans différentes situations.

« Vous êtes adéquatement protégé. » (Le chevalier en armure)

« C'est un risque raisonnable à prendre. » (L'évaluateur de risques)

« C'est assez bon. » (Le juge, le comptable)

« La perfection n'est pas nécessaire ici. » (Le bricoleur)

12.3 Psychose, schizophrénie

Grossièrement, la psychose est une forme d'abdication du monde réel, d'où une abdication des fonctions parentales essentielles qui nous maintiennent en contact approprié avec le monde extérieur.

En 1956, Gregory Bateson[6] a émis l'hypothèse que la schizophrénie était un type de solution psychologique, lorsque l'on est souvent confronté à deux choix où il est « impossible » de faire le bon choix, mais tout aussi impossible de ne faire aucun choix.

Il a qualifié cette situation de « double contrainte ».

En termes de double contrainte, la personne ne peut souvent pas percevoir les contradictions (pas de juge).

Elle ne peut donc pas discuter des messages contradictoires (aucun diplomate).

Elle ne peut pas se protéger (pas de chevalier en armure).

Elle est émotionnellement dépendante de son environnement (le mendiant sannyasin).

Enfin, elle ne peut pas quitter l'environnement physique, pathologique (pas d'abdication).

Mais elle peut encore, d'une manière ou d'une autre, jouer la carte de l'abdication ; elle « quitte » la réalité de ce monde.

---

[6]Toward a theory of schizophrenia
Gregory Bateson, Don D. Jackson, Jay Haley, John Weakland
Première publication : 1956

Bien sûr, il ne s'agit que d'un cas particulier, mais d'autres types de psychoses pourraient bien suivre une logique similaire.

12.4 Troubles de la personnalité.

Les troubles de la personnalité se caractérisent par des manques certains et spécifiques de limitations dans certains domaines émotionnels.

Il semble qu'il y ait à la fois un manque d'éléments de soutien et un manque d'éléments restrictifs.

Cela tend à s'exprimer par une perturbation de l'image de soi de la personne.

Elle peut être trop élevée (narcissique), trop basse (dépendante) ou fluctuante (limite).

La régulation de l'expression des émotions est également souvent handicapée (colère, déception, tristesse), de sorte qu'elles peuvent souvent exploser et pour des raisons peu claires.

Il lui manque une main ferme, mais attentionnée (le cavalier).

Une capacité à suivre les règles habituelles (le policier).

Un sens de l'équilibre (le funambule).

Une vision appropriée d'elle-même (le critique).

Si l'on pouvait les aider à trouver ces fonctions parentales en elle, sa vie s'en trouverait considérablement améliorée (sans oublier sa famille et ses amis !).

12.5 Une réflexion importante sur les psychopathologies et l'PI.

Utiliser l'PI comme un outil dans la boîte à outils de la thérapie est très bien.

Toutefois, pour les maladies psychiatriques, elle n'est PAS considérée comme un substitut aux techniques psychothérapeutiques classiques, voire aux médicaments le cas échéant.

L'PI est une vision et un soutien pour les thérapeutes, voire les individus, mais il ne prétend pas pouvoir résoudre les peurs et les dysfonctionnements psychologiques profonds.

N'espérez pas guérir une jambe cassée avec un pansement.

Partie 2 : Réflexions théoriques

13 Introduction à la deuxième partie

Comme le dit la Bible, « Il n'y a rien de nouveau sous le soleil » (Ecclésiaste 1:9).

Et, nous ne sommes que des « nains perchés sur les épaules de géants ».[7]

Et donc, je viens après de nombreux grands penseurs, théoriciens et chercheurs.

Bien que j'aie le sentiment d'avoir découvert ce processus à travers mes expériences et mon parcours personnels, j'ai également été en contact avec de nombreux enseignements provenant de nombreuses sources, qui ont dû, consciemment ou inconsciemment, m'aider à développer ce travail.

---

[7] Merton, Robert K. (1993).). On the Shoulders of Giants. A Shandean Postscript. The Post-Italianate Edition.. Avec une préface d'Umberto Eco. University of Chicago Press, p. XIV. ISBN 9780226520865.

Et en lisant cette section, il est plus que clair que ma façon de présenter la psyché humaine n'est, dans de nombreux cas, qu'un remaniement de ce qui existe déjà depuis de nombreuses années.

Je n'ai aucune excuse à cela.

Ma première et principale intention dans ma pratique est d'aider mes patients.
L'objectif premier est de parler à un niveau, dans une langue et avec des images qui leur sont accessibles.

Mon désir et mon intention sont de reprendre, sous une forme ou une autre, toutes les théories et pratiques de ces chercheurs et thérapeutes, d'en retirer ce qui, pour moi, est pertinent, et de créer une approche accessible et pratique.

J'ai donc choisi d'inclure cette section plutôt académique pour réfléchir à d'autres visions de la condition humaine et à diverses approches thérapeutiques et de développement.

Il s'agit non seulement d'informer le public des développements passés intéressants dans le domaine de la psychologie, mais aussi de reconnaître leur travail et leur influence probable sur le mien.

Je vais sûrement omettre ou survoler certaines personnes et approches essentielles ; je m'en excuse d'avance.

Toutefois, si vous estimez qu'il y a eu des omissions importantes, n'hésitez pas à m'écrire et je m'efforcerai de les corriger dans les prochaines éditions.

14 Le Ça, le Moi, le Surmoi et le Moi idéal.

Par où commencer, sinon par Freud ?

Pour commencer, je dois reconnaître qu'une grande partie de ce chapitre est tirée de l'excellent, mais court article de Saul McLeod, publié sur le site Internet *Simply Psychology*.[8]

Il n'est pas surprenant qu'il existe des similitudes importantes entre la théorie de la personnalité de Freud (1923)[9] et ma façon de décrire notre fonctionnement.

---

[8] McLeod, S. A. (2019, 25 septembre). Id, ego and superego Simply Psychology. www.simplypsychology.org/psyche.html Téléchargé le 16.08.2022.
[9] Freud, S. (1923). The Ego and the Id. In J. Strachey et al. (Trans.), The Standard Edition of the Complete Psychological Works of Sigmund Freud, Volume XIX. London: Hogarth Press

Selon la théorie de la personnalité de Freud, la psyché est structurée en trois parties (c'est-à-dire qu'elle est tripartite) : le Ça, le Moi et le Surmoi, qui se développent toutes à différentes étapes de la vie.

Selon la théorie psychanalytique de Freud, le Ça est la partie primitive et instinctive de l'esprit qui contient les pulsions sexuelles et agressives et les souvenirs cachés, le Surmoi fonctionne comme une conscience morale et le Moi est la partie réaliste qui sert de médiateur entre les désirs du ça et du surmoi.

La théorie tripartite de la personnalité de Freud

14.1 Le Ça.

Le Ça est la composante primitive et instinctive de la personnalité. Le Ça est une partie de l'inconscient qui contient toutes les pulsions et les impulsions, y compris ce qu'on appelle la libido, une sorte d'énergie sexuelle généralisée qui est utilisée pour tout, de l'instinct de survie à l'appréciation de l'art.

Le Ça est aussi un peu têtu, car il ne répond qu'à ce que Freud appelle le principe de plaisir (si ça fait du bien, fais-le) et rien d'autre.

Le Ça est la partie impulsive (et inconsciente) de notre psyché, qui répond directement et immédiatement aux pulsions, besoins et désirs de base.

Il fonctionne selon le principe que tout souhait doit être satisfait immédiatement, quelles qu'en soient les conséquences.

Lorsque le Ça satisfait ses exigences, nous éprouvons du plaisir.

Lorsqu'il se voit refusé, nous ressentons un « malaise » ou une tension.

Le Ça reste infantile dans sa fonction tout au long de la vie d'une personne et ne change pas avec le temps ou l'expérience, car il n'est pas en contact avec le monde extérieur.

Il n'est pas affecté par la réalité, la logique ou le monde quotidien, car il opère dans la partie inconsciente de l'esprit.

14.2 L'ego – Le Moi

L'ego est « la partie du Ça qui a été modifiée par l'influence directe du monde extérieur ».

L'ego est la seule partie de la personnalité consciente. C'est ce dont la personne est consciente lorsqu'elle pense à elle-même et c'est ce qu'elle essaie généralement de projeter vers les autres.

Le Moi se développe pour servir de médiateur entre le Ça irréaliste et le monde extérieur, réel. C'est la composante décisionnelle de la personnalité.
Idéalement, l'ego fonctionne par la raison, alors que le Ça est chaotique et déraisonnable.

L'ego fonctionne selon le principe de réalité, en élaborant des moyens réalistes de satisfaire les demandes du Ça, en faisant souvent des compromis ou en reportant la satisfaction pour éviter les conséquences négatives de la société.
L'ego tient compte des réalités et des normes sociales, de l'étiquette et des règles pour décider de la manière de se comporter.

Comme le Ça, l'ego recherche le plaisir (c'est-à-dire la réduction de la tension) et évite la douleur, mais contrairement au Ça, l'ego se préoccupe de concevoir une stratégie réaliste pour obtenir le plaisir.

L'ego n'a aucun concept de bien ou de mal ; une chose est bonne simplement si elle atteint sa finalité de satisfaction sans causer de préjudice à lui-même ou au Ça

Souvent, l'ego est faible par rapport au Ça, et le mieux qu'il puisse faire, c'est de rester sur place, d'indiquer au Ça la bonne direction et de revendiquer un certain crédit à la fin, comme si l'action était la sienne.

Freud a fait l'analogie entre le Ça et le cheval, tandis que le Moi est le cavalier. Le Moi est « comme un homme à cheval, qui doit tenir en échec la force supérieure du cheval ».

Si l'ego échoue dans sa tentative d'utiliser le principe de réalité et que l'anxiété est ressentie, des mécanismes de défense inconscients sont employés pour aider à repousser les sentiments désagréables (c'est-à-dire l'anxiété) ou à faire en sorte que les bonnes choses se sentent mieux pour l'individu.

L'ego s'engage dans un processus de pensée secondaire, qui est rationnel, réaliste et orienté vers la résolution de problèmes. Si un plan d'action ne fonctionne pas, il est repensé jusqu'à ce qu'une solution soit trouvée.

14.3 Le Surmoi

Le Surmoi intègre les valeurs et la morale de la société, apprises de ses parents et d'autres personnes. Il se développe vers l'âge de 3 à 5 ans.

Le Surmoi est considéré comme le pourvoyeur de récompenses (sentiments de fierté et de satisfaction) et de punitions (sentiments de honte et de culpabilité) selon la partie activée.

Le Surmoi est une partie de l'inconscient qui est la voix de la conscience (faire ce qui est bien) et la source de l'autocritique.

Il reflète les valeurs morales de la société dans une certaine mesure, et les gens sont parfois conscients de leur propre moralité et éthique.

Pourtant, le Surmoi contient de nombreux codes, ou interdictions, qui sont émis le plus souvent inconsciemment sous la forme de commandements ou d'affirmations « à ne pas faire ».

Le Surmoi a pour fonction de contrôler les pulsions du ça, en particulier celles que la société interdit, comme le sexe et l'agression.
Il a également pour fonction de persuader l'ego de se tourner vers des objectifs moralisateurs plutôt que simplement réalistes et de viser la perfection.

Le Surmoi se compose de deux systèmes : la conscience et le Moi idéal.

La conscience est notre « voix intérieure » qui nous dit quand nous avons fait quelque chose de mal. La conscience peut punir l'ego en provoquant un sentiment de culpabilité.

Par exemple, si le Moi cède aux exigences du Ça, le Surmoi peut faire en sorte que la personne se sente mal en la culpabilisant.

Le Surmoi est également quelque peu délicat dans la mesure où il tente de dépeindre ce qu'il veut que la personne fasse en des termes grandioses et élogieux, ce que Freud appelait l'idéal du Moi, qui découle du premier attachement amoureux important de la personne (généralement un parent).

Le Moi idéal (ou ego idéal) est une image imaginaire de ce que vous devriez être.

Il représente les aspirations professionnelles, la façon de traiter les autres et de se comporter en tant que membre de la société.

L'hypothèse est que les enfants élevés par des parents [? – Ed] font l'expérience de l'amour de manière conditionnelle (lorsqu'ils font quelque chose de bien), et l'enfant intériorise ces expériences comme une série de déclarations de jugement réelles ou imaginaires.

Le Surmoi peut punir par la culpabilité un comportement qui ne correspond pas au moi idéal. Le Surmoi peut également nous récompenser par le biais du Moi idéal lorsque nous nous comportons « correctement », en nous faisant ressentir de la fierté.

La culpabilité est un problème très répandu en raison de tous les besoins et pulsions provenant du Ça et de tous les interdits et codes du Surmoi. Il existe plusieurs façons pour un individu de gérer la culpabilité, que l'on appelle des mécanismes de défense.

Si le Moi idéal d'une personne a des exigences trop élevées, tout ce qu'elle fait représente un échec.

Le Moi idéal et la conscience sont principalement déterminés dans l'enfance par les valeurs parentales et la manière dont vous avez été élevé.

14.4 Réflexion et discussion.

Il est assez facile de voir de nombreux domaines dans lesquels le modèle de parentalité intérieure fait écho à Freud.

Le Ça couvre une grande partie du fonctionnement de l'enfant que j'utilise.

Cependant, dans la théorie de la personnalité, le Ça est « utilisé pour tout, de l'instinct de survie à l'appréciation de l'art », il me semble qu'il est souvent considéré comme déraisonnable et qu'il a constamment besoin d'être limité, si ce n'est généralement supprimé.

Dans notre modèle, l'enfant joue un rôle beaucoup plus positif. Comme il « répond directement et immédiatement aux pulsions, besoins et désirs fondamentaux », il nous donne un retour immédiat sur ce que nous ressentons comme bon ou mauvais pour nous.

Le principe de la douleur mérite d'être souligné ici.

L'expérience de la douleur est (pour la plupart des gens) quelque chose à éviter autant que possible, qu'elle soit physique, émotionnelle ou autre.

Cependant, sans accès à la boucle de rétroaction de la douleur, nous ne remarquerons pas que nous faisons quelque chose d'inapproprié, voire de dangereux pour nous-mêmes.

Enfin, la vision selon laquelle il ne fonctionne que dans « la partie inconsciente de l'esprit » ne correspond pas du tout à notre modèle.

Bien que nous puissions avoir des intentions inconscientes, voire « cachées », quant à nos désirs, besoins et envies, il existe de nombreux aspects dont nous sommes généralement conscients.

Les éléments qui pourraient être inconscients ou cachés peuvent aussi, pour la plupart, être accessibles et assumés.

Cependant, c'est souvent le domaine d'un thérapeute.

Cela nous amène à l'**Ego/Moi, q**ui, dans notre système, n'a pas de « place » unique, car il est considéré comme faisant partie de la fonction parentale.

Cependant, est exprimée la position selon laquelle « le Moi se développe pour servir de médiateur entre le Ça irréaliste et le monde extérieur et réel », et élabore « des moyens réalistes de satisfaire les demandes du Ça, souvent en faisant des compromis ou en reportant la satisfaction pour éviter les conséquences négatives de la société ».

Ces fonctions sont les aspects les plus critiques de notre Parent.

En lisant cet article, j'ai découvert l'analogie de Freud selon laquelle le Ça est un cheval tandis que le Moi est le cavalier.

C'est une analogie que j'ai souvent utilisée moi-même (étant également cavalier).

Cependant, il est probable qu'il y ait une différence significative dans la façon dont cette analogie est comprise, en fonction du contexte et des attitudes du lecteur.

La plupart des cavaliers européens pratiquent le style classique ou anglais. Le cheval est tenu par des rênes courtes et serrées, et le cavalier garde un contrôle ferme sur le cheval à tout moment (en général).

Je monte à cheval dans le style « Western », comme les cow-boys. Ici, bien que le cavalier décide de la direction à prendre et soit responsable de sa sécurité et de celle du cheval, la relation est basée sur le respect et la confiance mutuels.

Lorsque je parle de cette relation comme d'un cavalier et de son cheval, l'image que j'essaie d'évoquer est celle d'une bête puissante qui a ses désirs animaux fondamentaux.
Mais j'évoque aussi un haut niveau d'intelligence naturelle, de bonne volonté et d'« éducation » et un partenaire de confiance.

Le Surmoi a clairement de nombreuses facettes qui se rapportent à la fonction parentale. Il « incorpore les valeurs et la morale de la société, apprises de ses parents et d'autres personnes. Il se développe vers l'âge de 3 à 5 ans et correspond à notre vision des choses. »

Qu'il ait intégré les valeurs morales de la société, parmi beaucoup d'autres, c'est bien, et qu'il soit la « voix de la conscience » et la « source d'autocritique » n'est peut-être pas faux.

Cependant, nous ne le considérons pas comme le pourvoyeur de récompenses… et de punitions ; il s'agit d'un mécanisme indépendant, basé sur la distance entre le réel et l'idéal – nous y reviendrons plus loin.

L'idée que le Surmoi/Parent fait presque entièrement partie de l'inconscient avec des masses de règles et de conventions intégrées inconsciemment, même si elle est généralement vraie, n'est pas figée.

Notre défi consiste souvent à travailler pour faire prendre conscience à la fois des valeurs et du fonctionnement de la fonction parentale.

De cette façon, nous pouvons comprendre et remettre en question l'ensemble des règles personnelles sous-jacentes du chercheur et faciliter l'accès à son processus d'autogestion.

Enfin, et surtout, le Surmoi comprend également le « Moi idéal ».

Bien qu'elle se limite aux attentes d'une personne à l'égard de son propre comportement, elle nous introduit dans le concept du système de valeurs d'une personne sur la façon dont les choses devraient être.

En présentant cela, on nous propose également la souffrance qui résulte du fossé entre l'idéal et le réel – le principe de base de tout le concept « Vivre en harmonie avec le monde réel ».

15 Analyse transactionnelle

Ce chapitre est basé sur le travail classique d'Éric Berne, l'analyse transactionnelle en psychothérapie[10].

Comme l'Analyse transactionnelle et le concept des trois états du Moi, parent, adulte et enfant, sont clairement liés à toute réflexion ultérieure sur le soi ou la parentalité intérieure, j'ai pensé qu'il était approprié d'avoir une vue d'ensemble de l'AT.

De cette façon, on peut voir dans quelle mesure mon approche suit ou diffère de la sienne.

---

[10] E. Berne, Transactional Analysis in Psychotherapy, Souvenir Press, Londres, 1975.

15.1 Les trois états du Moi

Berne est à l'origine du concept des trois états du Moi : le parent, l'adulte et l'enfant.

Bien que reflétant étroitement le Surmoi, le Moi et le Ça de Sigmund Freud, il les a traités différemment afin de pouvoir construire une théorie élaborée et une pratique thérapeutique autour de cette construction.

Ces trois termes proviennent de ses observations selon lesquelles les gens présentent trois types de comportements ou d'expressions des « organes psychiques » ; familièrement, ces types d'états du Moi sont appelés Parent, Adulte et Enfant (1, 23).

Chacun de ces trois états du Moi réagit différemment à l'environnement, et ils peuvent également interagir les uns avec les autres (1,37).

Berne appelle le « flux de cathexis » (1,38) la dynamisation d'un ou plusieurs états du Moi.

Le dictionnaire en ligne Merriam-Webster définit Cathexis ainsi :
[cathexis (nom),
1 : investissement d'énergie mentale ou émotionnelle dans une personne, un objet ou une idée.

2 : énergie libidinale qui est investie ou en cours d'investissement.][11]

Il suggère que cette énergie circule soit d'une manière saine et claire entre les trois états du Moi discrets et indépendants, soit d'une manière moins fonctionnelle et malsaine.

Selon le site *Simply Psychology* sur l'Analyse transactionnelle[12], les trois états sont décrits comme suit :
[Nb. L'ordre est repris du site ; ce n'est pas une erreur – NDLR.].

15.1.1 État de l'enfant

Il existe deux subdivisions de l'état de l'enfant.

Les états du Moi de l'enfant adapté et de l'enfant libre.

C'est lorsque nous interagissons et répondons à quelqu'un sur la base de notre conditionnement passé d'émotions internes ressenties dans l'enfance, c'est-à-dire lorsque nous revenons à nos pensées et sentiments d'enfance.

---

[11] https://www.merriam-webster.com/dictionary/cathexis, consulté le 16.12.2018
[12] Transactional Analysis https://www.simplypsychology.org/transactional-analysis-eric-berne.html consulté le 22.08.2022

L'état du Moi de l'enfant est construit sur tous les renforcements que nous avons reçus dans l'enfance, qu'ils soient positifs ou négatifs, pour se comporter ou ne pas se comporter d'une certaine manière, ce qui conditionne et affecte encore nos interactions aujourd'hui.

L'état de l'enfant adapté se conforme et agit conformément aux souhaits des autres afin de leur plaire et d'être considéré comme bon et aimé.

Cependant, il a aussi un côté rebelle lorsqu'il est confronté à un conflit perçu et provoque des réactions de résistance, d'hostilité et de réactivité émotionnelle.

L'état du Moi de l'enfant libre peut être créatif, spontané, ludique et à la recherche du plaisir.

15.1.2 État parent

Il existe deux subdivisions de l'état parent : l'état de parent critique/contrôleur et l'état de parent nourricier.

On nous a appris que ces modèles de comportement et de pensée découlent de nos interactions passées avec nos parents et d'autres figures d'autorité (enseignants, grands-parents, etc.).

Berne pensait que les expériences vécues au cours des cinq premières années de notre vie contribuaient à l'état du Moi parental.

Cet état contient beaucoup de jugements sur la façon dont quelqu'un ou quelque chose est, c'est-à-dire qu'il s'agit de l'état où nous nous trouvons avec beaucoup de « devrait » et « ne devrait pas » à propos de quelque chose.

Les gens sont dans cet état lorsqu'ils réagissent à une situation et agissent en fonction de leur conditionnement, en copiant la façon dont leurs parents (ou une autre figure d'autorité) les ont traités, eux et les autres, au lieu d'analyser chaque situation à nouveau, ici et maintenant.

C'est lorsque nous utilisons notre voix d'autorité envers quelqu'un.

Le parent critique désapprouve d'une manière sévère, voire agressive.

En revanche, le parent nourricier tente de prendre le contrôle d'une situation de manière plus secourable, en essayant d'apaiser les autres, ce qui peut être très inapproprié lorsqu'il s'agit d'adultes plutôt que d'enfants.

15.1.3 État adulte

Contrairement aux deux autres, l'État adulte ne possède pas de subdivisions.
L'état adulte interagit avec les gens et son environnement dans l'ici et le maintenant, et non pas en fonction de conditionnements passés ou de la façon dont d'autres personnes lui ont dit d'être.

Cet état est plus ouvert, plus rationnel et moins prompt à porter des jugements sévères sur une situation ou une personne.

Lorsque la communication émane de l'état adulte, nous sommes plus susceptibles d'être respectueux, de faire des compromis, d'écouter correctement les autres et d'avoir des interactions sociales plus saines.

15.2 Psychopathologie

Dans son chapitre sur la psychopathologie, Berne parle de deux problèmes structurels opposés liés à la force ou à la perméabilité des frontières du Moi.

L'exclusion est le cas où l'un des états du Moi empêche de manière défensive les deux autres de s'exprimer (1, 45). (Lorsque la cathexis est bloquée dans l'un des états du Moi.)

À l'autre extrémité du continuum, la **contamination** se produit lorsqu'il y a un chevauchement entre deux ou plusieurs des états du Moi (1, 47). Ici, la cathexis stimule deux (ou trois) états simultanément.

D'après ma propre expérience clinique, je dirais que c'est là que l'enfant contamine l'adulte et qu'il y a une tentative de rationalisation d'un besoin émotionnel.

Ou, dans le cas d'un chevauchement Enfant/Parent, la personne tente d'ordonner et de contrôler les autres pour satisfaire un besoin émotionnel primordial.

La première partie de la procédure de Berne consistait à procéder à une analyse structurelle de la personne afin qu'elle puisse prendre conscience des états du Moi qui détiennent la fonction exécutive et à quels moments ils le font.

Selon lui, « l'analyse structurelle proprement dite traite de la maîtrise (mais pas nécessairement de la résolution) des conflits internes par le biais du diagnostic des états du Moi, de la décontamination, du travail sur les limites et de la stabilisation, afin que l'adulte puisse garder le contrôle de sa personnalité dans les situations stressantes.

… L'objectif de l'analyse transactionnelle est le contrôle social, dans lequel l'Adulte conserve l'exécutif dans les relations avec d'autres personnes qui peuvent tenter consciemment ou inconsciemment d'activer l'Enfant ou le Parent du patient.

..., C'est l'Adulte qui décide quand libérer l'Enfant ou le Parent, et quand reprendre le cadre. » (1, 90)

Dans le cadre d'un groupe, il devient possible d'analyser ses transactions et de remarquer quand on glisse de l'état d'adulte vers l'un des autres états du Moi.

Berne décrit (1, 91 - 7) un groupe de femmes en train d'interagir.

La première (Camélia) a commencé par déclarer qu'elle n'allait plus avoir de rapports sexuels avec son mari et qu'il devait aller chercher une autre femme.

Rosita a demandé avec curiosité : « Pourquoi as-tu fait ça ? »

Sur quoi Camélia a fondu en larmes et a répondu : « J'essaie tellement fort et puis vous me critiquez. »

L'analyse a montré que le premier énoncé était une information donnée, donc en mode adulte.

La réponse, bien qu'aux oreilles des autres, il s'agisse d'une demande d'informations supplémentaires (également en mode adulte), a été reçue par Camélia comme une réprimande parentale qui, à son tour, a déclenché une réponse enfantine de douleur et de souffrance.

Ceci, à son tour, a activé un Parent bienveillant chez une autre des participantes, Holly.

Le thérapeute a noté que Camélia avait l'habitude de penser que les gens la comprenaient mal et la critiquaient, alors qu'en réalité, c'était elle qui comprenait et critiquait souvent les autres.

D'un autre côté, Holly était très à l'aise et heureuse d'assumer le rôle parental.

En mettant en évidence ces habitudes de fonctionnement, les participants en prennent conscience et peuvent s'efforcer de les changer.

Je m'offre ici la liberté de faire deux observations :

Tout d'abord au sujet des remarques de Camélia sur le fait qu'elle a arrêté d'avoir des rapports sexuels avec son mari et qu'elle lui a suggéré de chercher ailleurs.

Je pense que ces informations n'étaient pas motivées par les adultes.

Je pense qu'elles ont été introduites dans le groupe pour susciter une réaction émotionnelle de la part de certains des autres membres.

Elle était donc déjà dans une attitude contaminée enfant/adulte.

Et deuxièmement, d'après ma propre expérience clinique, la prise de conscience, même avec l'acceptation d'un mode de fonctionnement dysfonctionnel, bien que très importante sur la voie de la santé mentale, suffit rarement à guérir le problème sous-jacent.

Le fait de prendre conscience et d'accepter que nous ne réagissons pas de la meilleure façon peut certainement aider dans de nombreuses interactions sociales. Cependant, les besoins émotionnels et la souffrance qui ont créé ce mode de fonctionnement continueront à hanter le patient.

15,3 Loisirs et jeux

Pour Berne, dans les contextes de groupe, on considère qu'il y a deux types d'interactions : les passe-temps et les jeux (1, 98 - 115).

Les passe-temps sont essentiellement des formes différentes de « small talks », basés sur les sports, les voitures, les vêtements, les coûts, etc., et, à part offrir une certaine clarté sur la façon dont certaines personnes fonctionnent, n'apportent pas grand-chose d'autre.

Cependant, les jeux sont beaucoup plus complexes et permettent d'éclairer des formes d'interactions assez complexes.

Berne énumère des noms de jeux innovants tels que « Schlemiel » (idiot), « Alcoholic », « Wooden Leg », « Ain't it Awful ? », « You Got Me Into This », « There I Go Again » et « Let's You and Him Fight » (1, 106-7).

Ceux-ci décrivent des thèmes récurrents dans les interactions des personnes.

Un thème que tous les thérapeutes devraient connaître est celui de la « codépendance » entre alcooliques (ou personnes souffrant de tout autre type de dépendance).

Et les « facilitateurs », tout en essayant ostensiblement d'aider leur partenaire (parent, enfant, collègue de travail...) à briser leur dépendance, contribuent à la faire perdurer.

Cependant, il y a beaucoup plus de dialogues récurrents entre les gens qui peuvent être considérés comme une forme de jeu répétitif, car il n'y a pas de finalité absolue, à long terme.

Un concept des plus intéressants dans le cadre de la réfection des jeux est celui des transactions ultérieures (1, 103 - 4).

Les transactions ultérieures ont à la fois un niveau social (ouvert) et une dimension psychologique (cachée).

Une interaction au niveau social de :

H : Tu restes à la maison et tu t'occupes de la maison. (Parent)

W : Si ce n'était pas pour toi, je pourrais m'amuser. (Enfant)

Sur le plan psychologique, cela peut se traduire par :

H : Tu dois toujours être à la maison quand je rentre. Je suis terrifié par la désertion. (Enfant)

T : Je le ferai si vous m'aidez à éviter les situations phobiques. (Enfant)

Cette prise de conscience des deux niveaux de communication présente des similitudes avec les concepts systémiques de pseudo-mutualité et de pseudo-hostilité, où l'accord ou le désaccord perçu n'est là que pour masquer d'autres sujets plus difficiles que les protagonistes ne sont prêts à aborder.

Malheureusement, ce sujet n'est pas développé davantage avant ici.

15.4 Scripts

Cependant, Berne poursuit son investigation du fonctionnement intérieur de ses patients par une technique qu'il nomme « scripts » (1, 116 - 127).

On pourrait élargir le terme à celui de « scénarios de vie », dans la mesure où il fait référence à la création et à la recréation continues et répétitives de scénarios que la personne/patient orchestre dans sa vie pour résoudre les problèmes de la petite enfance.

(Je me suis abstenu d'utiliser le terme « traumatisme », car il a un sens et une signification spécifiques en thérapie, que la majorité de la population n'aurait pas connus. Bien que le terme de microtraumatisme puisse encore être approprié…)

Pour faciliter la recréation et l'exécution de ces scénarios, les gens sont plus aptes à trouver d'autres personnes dans leur environnement pour jouer les rôles nécessaires.

« Dans sa quête de personnages correspondant aux rôles exigés par son scénario, le patient perçoit les autres membres du groupe à sa manière idiosyncrasique, généralement avec une grande perspicacité intuitive. » (1, 117)

Dans cette dimension de son travail, Berne se concentre sur les interactions de ses patients, non pas dans l'optique des parents, des adultes et des enfants, mais comme des acteurs de la pièce de théâtre intérieure du patient.

Ce qui est intéressant dans cette partie de ses réflexions, c'est le point de rencontre entre la pensée psychanalytique classique et les observations de l'interaction d'une personne/patient avec les autres participants du groupe.

15.5 Analyse des relations

En utilisant les trois états du Moi des deux parties d'une relation et en traçant des lignes vectorielles entre chaque paire d'états du Moi, nous arrivons à neuf lignes vectorielles (1, 130).

Berne affine également ce modèle en prenant note de la force (quantitative) de chaque vecteur et du type de relation (qualitative) que chaque paire d'états du Moi entretient avec l'autre.

« L'aspect qualitatif concerne l'intensité de chaque vecteur » (1, 133).

« Qualitativement, il y a au moins quatre possibilités dans "une relation" : la sympathie [s'entendre bien ensemble], l'antagonisme [se battre ou se disputer], l'antipathie [ne pas supporter l'autre], et l'indifférence [rien à dire à l'autre] » (1, 133).

Berne était convaincu que l'analyse des relations « est étonnamment instructive et constitue un instrument prédictif et postdictif précieux, avec une précision rétrospective de l'ordre de 80 ou 90 % » (1, 134).

15.6 Réflexion et discussion.

Ce qu'il faut noter, c'est que pour Berne, non seulement chacun des états est séparé et discret chez une personne en bonne santé, mais un seul peut être actif à un moment donné.

Dans le modèle PI, il est possible d'avoir à la fois une fonction Parent et une fonction Enfant actives à peu près au même moment.

[Et l'Observateur aussi ! – NDLR.].

Un enfant est en sécurité lorsqu'il est surveillé de manière appropriée par un parent. Il peut courir, jouer et même prendre certains risques, tant qu'il y a quelqu'un pour veiller à ce que certaines limites soient respectées et appliquées.

Il y a (j'espère) de nombreuses occasions où nous permettons à des comportements enfantins de s'exprimer. La plus courante est de s'enivrer.

En se saoulant, on fait prendre du recul à nos fonctions parentales responsables.

Cependant, la plupart d'entre nous respectent certaines limites et restent conscients de la mesure dans laquelle nous pouvons nous permettre de transgresser les règles habituelles.

Cela signifie que, quelque part, certaines fonctions parentales sont encore actives et présentes.

En fait, la force de l'approche PI est que nous pouvons faire l'expérience des impulsions vitales de nos facettes enfantines, tout en les dirigeant ou en les limitant de manière à ce qu'elles ne causent pas ou peu de dommages.

(Mon point de vue sur le cavalier sur un cheval de Freud.)

Examinons maintenant chacun de ces trois états, à tour de rôle :

L'état de l'enfant. Je suis généralement d'accord avec la réflexion suivante : « L'état du Moi de l'enfant est construit sur tous les renforcements que nous avons reçus dans l'enfance, qu'ils soient positifs ou négatifs, pour nous comporter ou ne pas nous comporter d'une certaine manière, ce qui conditionne et affecte encore nos interactions aujourd'hui. »

Cependant, notre modèle suggère que les fonctions de l'enfant que nous favorisons et activons le plus sont basées sur ces expériences. On pourrait arguer qu'il ne s'agit que d'une question de sémantique – ce qui est juste.

Cependant, le reste de la description ne semble pas clarifier grand-chose pour moi. Elle semble juste suggérer que nous pouvons agir comme des enfants.

L'état parental. L'idée semble être que le parent contrôlant/critique est intégré aux figures parentales dans la petite enfance (jusqu'à cinq ans), alors que le parent nourricier semble apparaître de nulle part !

Bien que de nombreux ouvrages de psychologie, etc. considèrent que la « programmation » de l'enfance se produit jusqu'à l'âge de sept ans, je dirais qu'elle se situe entre quatre et dix ans, selon la maturité mentale de l'enfant.

Nous considérons que la création des facettes parentales provient de toutes les sources auxquelles l'enfant a accès.

Cependant, en toute logique, plus le temps et les expériences qu'un enfant passe avec certaines personnes sont influents, plus l'effet est fort.

Il semble également y avoir un préjugé négatif à l'encontre de l'État-parent, qu'il soit contrôlant ou nourricier.

Dans le monde réel, nous avons toutes sortes de fonctionnements parentaux, allant d'un fonctionnement généralement approprié en termes de structuration et de soutien, jusqu'à l'agression et l'abandon réguliers.

De la même manière, nos Parents internes peuvent nous offrir le même large éventail de parentage adéquat ou inadéquat.

L'état Adulte est le plus approprié, il vit le moment présent, interagit correctement avec le fonctionnement du monde réel.

Pour nous, c'est juste un parent approprié…

Nous abordons ensuite le sujet de la psychopathologie.

L'exclusion est le cas où l'un des états du Moi empêche de manière défensive les deux autres de s'exprimer.

On peut supposer qu'il s'agit de l'état d'enfant ou de parent et qu'il en résulte un ensemble de comportements dysfonctionnels.

Et

On parle de **contamination** lorsqu'il y a un chevauchement entre deux ou plusieurs états du Moi.

Comme nous l'avons vu plus haut, notre modèle a sa propre vision du « dysfonctionnement parental » ; cependant, cela peut offrir un chevauchement possible entre les images des deux modèles.

Exclusion : Si la fonction parentale s'avère incapable de « tenir » de manière appropriée les fonctions de l'enfant, nous avons, comme décrit ci-dessus, la base de la dépression, de l'anxiété, de la personnalité ou des troubles bipolaires.

Contamination
On pourrait imaginer que la psychose est conçue comme une contamination des fonctions parentales par celles de l'enfant.

Loisirs et jeux :
Les passe-temps semblent décrire des interactions qui ne comportent pas de dimensions relationnelles essentielles.

Dans leur conception, il s'agirait d'une communication d'adulte à adulte.

D'autre part, les jeux ont une dynamique spécifique qui active certaines fonctions relationnelles.

C'est-à-dire qu'en T.A., les états parent et enfant sont activés.

Non pas que toute activation des états parentaux et infantiles soit en soi psychologiquement malsaine, mais il semble que Berne ait présumé que c'était souvent le cas.

Comme sa population était susceptible d'être composée principalement de ses patients, il semblerait raisonnable d'imaginer que l'activation de l'un ou l'autre de ces états impliquerait un dysfonctionnement dans leur communication et leurs relations.

Dans notre modèle, les fonctions parentales exagérées ou inappropriées peuvent exister et existent effectivement.

Et de la même manière qu'ils peuvent causer des stress psychologiques et même des pathologies chez les gens, ils peuvent aussi apparaître comme des interactions dysfonctionnelles de personne à personne.

En conclusion, comme on pouvait s'y attendre en raison des nombreuses similitudes entre les deux modèles, ces « jeux » peuvent être décrits aussi bien l'un que l'autre.

Les scripts sont des interactions relationnelles récurrentes.

Là encore, il les décrit en des termes malsains, pathologiques, même s'ils ne le sont pas toujours.

Le modèle PI ne couvre pas spécifiquement ce sujet.

(Il est plus adapté à un travail psychothérapeutique plus classique.)

Comment et pourquoi nous nous trouvons attirés (de manière répétée) par des types spécifiques de situations et de relations, voilà ce qui constitue le « pain et le beurre » de la plupart des approches thérapeutiques.

Notre approche ne vise pas à remplacer la psychothérapie, mais à s'appuyer sur ces bases solides et à ajouter une dimension pratique supplémentaire à ce travail.

De même, l'**analyse des relations,** bien que présentant un certain intérêt en tant que psychothérapeute (que j'utilise aussi occasionnellement), est moins intéressante ici.

Pour votre information, dans ma clinique, j'ai tendance à ne compter que trois états stables dans ce modèle :

Adulte à Adulte, Parent à Enfant et Enfant à Enfant, aucune des autres combinaisons ne peut tenir.

Parent à Parent peut passer à Adulte à Adulte, mais plus souvent à Parent à Enfant, bien qu'Enfant à Enfant puisse aussi se produire.

Les relations entre parents et adultes se transforment presque toujours en relations entre parents et enfants.

Alors qu'Adulte à Enfant peut se transformer en Adulte à Adulte, Parent à Enfant ou même Enfant à Enfant.

Comme le modèle PI ne comporte que des fonctions Parent et Enfant, et qu'en général, les deux fonctions existent simultanément, ce type d'analyse n'est pas utile.

En conclusion :
Les deux modèles ont en effet beaucoup en commun.

Si certaines appréciations du psychisme et du fonctionnement de l'être humain peuvent être vues de la même manière à travers l'une ou l'autre optique, il existe néanmoins des différences spécifiques et bien définies entre elles.

16 « Self Parenting »

Ce chapitre est basé sur les deux principaux livres sur l'autoparentalité, '*Self Parenting*'[13] et '*The Self Parenting Program*'[14], tous deux de John K. Pollard III (JKP pour faire court).

Comme je l'ai dit dans mon introduction, c'est en faisant des recherches sur le sujet de ce livre que je suis tombé sur le programme Self Parenting.

Par conséquent, toutes les similitudes et les différences sont fortuites.

Cependant, les deux approches peuvent directement ou indirectement être rattachées à des théories fondamentales similaires sur le fonctionnement de la condition humaine.

---

[13] John K. Pollard III, The SELF-PARENTING Program; 48318th edition (February 1, 1987)
[14] John K. Pollard III, The SELF-PARENTING Program; 2nd edition (June 1, 1992)

L'autoparentage repose sur un concept simple, mais convaincant : nous avons tous en nous un parent intérieur et un enfant intérieur.

(L'approche PI, bien sûr, utilise une vision plus pluraliste des Parents Intérieurs et des Enfants Intérieurs.)

Grâce à une communication appropriée et encourageante du parent intérieur vers l'enfant intérieur, la personne résoudra, au fil du temps, toutes les formes de conflit intérieur et commencera à fonctionner de manière saine et harmonieuse.

16.1 Le parent intérieur :

Pour JKP, le parent intérieur se développe entre deux et quatre ans, en fonction de toutes les figures parentales que l'on a rencontrées et de tous les facteurs sociaux et culturels de son environnement (1, 30 - 35).

Un parent intérieur peut être positif, apaisant, soutenant, nourrissant (1, 37), et également bon pour faire des choix et apporter de la stabilité (1,38).

Cependant, le parent intérieur peut aussi être négatif, négligent, ne pas s'occuper des enfants, porter des jugements et être trop prompt à faire la morale à l'autre (1, 39), et peut agir de manière irrationnelle, être mesquin et pinailler sur des points sans importance (1, 40).

Il suggère ensuite qu'en suivant les exercices d'autoparentalité, le praticien évoluera naturellement vers le parent intérieur idéal.
Ils apprendront à aimer, soutenir et nourrir leur enfant intérieur (1, 44-46).

En outre, on dit qu'un style d'autoparentage positif apporte les avantages suivants : un bonheur inattendu, des sentiments extraordinaires de tendresse et de pathos personnels, des modèles subtils d'énergie personnelle, des processus cognitifs disciplinés et libres et une base stable pour le succès et les réalisations dans la vie (2, 9).

16.2 L'enfant intérieur :

L'enfant intérieur peut être positif, curieux, enthousiaste et constamment à la recherche de nouveaux territoires à explorer (1, 52).

(Il est également en charge et contrôle les émotions et les énergies des deux « Inner Selves » (1,57).)

Bien sûr, il est probable qu'il existe aussi un enfant intérieur négatif qui ne voudra pas apprendre ou écouter les souhaits et les désirs du parent intérieur.

Un enfant intérieur négatif, s'il n'est pas « parenté » de manière appropriée, peut entraîner l'ennui, l'apathie, la dépression, des dépenses impulsives ou toute une série de comportements de dépendance ou de compulsion (1, 60-63).

Dans une section traitant des « nombreuses humeurs de votre enfant intérieur » (2, 61), JKP écrit :

« Certains systèmes psychologiques […] décrivent jusqu'à 30 à 40 voix intérieures [comme] le "critique intérieur", le "guerrier en colère", l'"enfant intérieur blessé" et l'"enfant intérieur en colère". »

Cependant, il continue d'affirmer que :
« Le programme d'autoparentage enseigne que seules deux voix composent votre conversation intérieure – le parent intérieur et l'enfant intérieur. Mais CHAQUE SOI INTÉRIEUR PEUT EXPRIMER DES MOYENS DIFFÉRENTS » (2, 61-62).

« Votre enfant intérieur peut exprimer n'importe quel âge, d'une minute à 20 ans » (2, 62).

JKP poursuit en suggérant que beaucoup d'entre nous ont eu une éducation négative dans leur enfance, ce qui a créé des enfants intérieurs négatifs

ET des parents intérieurs négatifs en nous aujourd'hui (1,66).

16.3 Conversations intérieures :

Il suggère ensuite de suivre son programme quotidien de Conversations Intérieures, d'une durée d'une demi-heure, afin de corriger le problème lié au fait d'avoir eu une éducation parentale négative dans son enfance et de vivre ensuite avec un Parent Intérieur négatif.

La conversation intérieure est exactement ce à quoi elle ressemble ; en apprenant à prendre, à tour de rôle, le rôle du parent intérieur (positif), puis celui de l'enfant intérieur, il postule que nous pouvons tous trouver une paix et une harmonie intérieures profondes (mes mots et mon interprétation).

Le premier niveau de ces exercices consiste à créer un dialogue entre ces deux parties distinctes de nous-mêmes, le parent intérieur « écoutant » et acceptant les points de vue de l'enfant intérieur, en établissant une relation de confiance.

Ces premières « conversations » sont souvent basées sur des sujets relativement banals et sont intentionnellement non conflictuelles.

Sa technique très simple et accessible consiste à prendre une feuille de papier, à tracer une ligne au milieu, de haut en bas, et à utiliser le côté gauche pour le parent intérieur et le côté droit pour l'enfant intérieur.

Le parent intérieur pose une question écrite sur son côté, puis l'enfant intérieur répond.

Cette réponse est écrite en dessous du niveau de la question et du côté de l'enfant intérieur de la feuille.

Grâce à ce processus, le parent intérieur développera une attitude plus positive vis-à-vis de son rôle de parent intérieur. Ce qui, à son tour, donnera naissance à un enfant intérieur plus positif.

Lorsque vous aimez, soutenez et nourrissez votre enfant intérieur, vous aurez des relations extérieures améliorées, vous rayonnerez de bonheur, vous deviendrez plus organisé, vous apprendrez à lâcher prise et à vous détendre, vous améliorerez grandement vos compétences en communication, vous deviendrez plus sûr de vous et confiant, ce qui augmentera votre estime de soi, et vous réduirez votre dépendance aux stimuli extérieurs pour combler les vides émotionnels (2, 9).
Ce qu'il est important de noter dans ce processus, c'est qu'il ne s'agit pas de travailler sur son enfant intérieur, comme cela existe dans d'autres méthodes.

JKP indique clairement que sa méthode vise à changer le parent intérieur d'une personne, ce qui, à son tour, améliorera la relation intérieure avec l'enfant intérieur, ce qui permettra d'obtenir les résultats souhaités (2, 10).

« Le but du programme d'autoparentage n'est pas de changer l'enfant intérieur… vous apprenez à aimer, à soutenir et à nourrir votre enfant intérieur à un degré tel qu'il évolue vers une personnalité complètement positive – pleine de plaisir, d'amour et d'énergie » (2,11).

Le point de vue de JKP sur le fait de travailler sur les traumatismes du passé en entrant en contact avec les sentiments liés au « parentage toxique » par nos propres figures parentales passées est que « selon les normes de l'autoparentage, c'est complètement une mauvaise approche » (2, 143).

Et, « Tant que les thérapeutes insisteront pour que leurs clients "entrent en contact" avec leurs sentiments négatifs, les gens continueront à recréer et à restimuler les émotions négatives oubliées qui sont l'effet et non la cause de leur problème » (2, 143).

16.4 Conflits intérieurs :

Cependant, il existe également un endroit précis où traiter les conflits intérieurs, lorsque les désirs de l'enfant intérieur entrent en conflit avec ceux du parent intérieur.

De manière tout à fait réaliste, lorsque l'un ou l'autre a un besoin primaire, ce besoin doit être pris en compte, sinon, tôt ou tard, il y aura un autre problème plus grave (1, 113).

En parlant à voix haute et en écrivant la conversation intérieure, c'est-à-dire en donnant à chacune des deux positions une véritable voix, et en reconnaissant les besoins de chacune d'elles, une solution créative, « gagnant-gagnant », peut être et sera trouvée.

La technique proposée par JKP consiste à remplir le « Master Statement of Inner Conflicts » (2,93).

Il s'agit simplement d'une déclaration du parent intérieur et de l'enfant intérieur quant à ce qu'ils désirent pour faire face à une situation spécifique.

Cependant, il n'y a un véritable conflit intérieur que si « l'énoncé principal contient des options mutuellement opposées… » (2, 94)

Par exemple :

« Mon enfant intérieur veut faire du shopping.

Et

Mon parent intérieur veut rester à la maison et rattraper sa lecture » (2,94).

À partir de là, il y a une variante de la conversation intérieure où le conflit intérieur est résolu de manière gagnant-gagnant.

Si le lecteur est intéressé par les détails de ce processus, ils sont clairement exposés dans les chapitres « LES HUIT ÉTAPES DE LA RÉSOLUTION INTERNE DES CONFLITS » (2, 90 - 99).

Et, « D'AUTRES STRATÉGIES POUR RÉSOUDRE LES CONFLITS » (2, 100 - 104)

Dans ce deuxième chapitre, on trouve la suggestion très raisonnable de faire appel à une personne extérieure pour partager le conflit intérieur, qu'il s'agisse d'un ami de confiance ou même de la personne sur laquelle porte le conflit (2, 101).

De même, dans une situation de crise personnelle, la personne doit rechercher un « parent de substitution » (un bon ami ou un thérapeute professionnel), afin de pouvoir se concentrer entièrement sur les besoins de son enfant intérieur (2, 103).

16-5 Inner Bashing :

Dans les premières étapes du travail sur l'autoparentalité, avant que le praticien n'ait réussi à renforcer son Parent intérieur positif ou à créer une relation de confiance avec son Enfant intérieur, la résolution des Conflits intérieurs peut être problématique.

« Les bagarres intérieures semblent être davantage un concours de reproches ou d'injures… plutôt qu'une véritable tentative… de résoudre un conflit » (2, 105).

Cela tend à se produire lorsque la personne « éprouve une angoisse mentale, des symptômes corporels et une conversation intérieure incessante », mais « ne trouve pas de conflit direct de besoins » (2, 105).

Dans ce cas, la meilleure réponse suggérée au parent intérieur est d'écouter les plaintes de l'enfant intérieur, de le remercier pour sa contribution et de s'en tenir là (2, 108).

16.6 La création et le fonctionnement des styles d'autoparentalité :

En ce qui concerne la création de nos styles d'autoparentage, ceux-ci sont créés par les interactions avec les personnes qui se sont occupées de nous au cours des sept premières années de notre vie. (2,13)

Aussi,

« Il faut des années pour intérioriser votre modèle d'autoparentage, mais une fois intériorisé, il devient fonctionnellement autonome.

Cela signifie que le style ou modèle d'autoparentage de votre enfant intérieur devient automatique et inconscient. » (2, 13)

16.7 Parentalité extérieure :

En suivant le programme d'autoparentage, vous avez la promesse que cela améliorera également la qualité de vos relations extérieures :

« Au fur et à mesure que vous améliorez la relation d'autoparentage entre votre parent intérieur et votre enfant intérieur, vous constaterez que toutes vos autres relations s'améliorent dans la même mesure » (6,70).

16.8 Groupes de soutien pour le « parent extérieur » :

JKP propose l'importance de participer à un groupe de soutien pour le « parent extérieur ».

Il déclare :

« La voie la plus efficace vers un style d'autoparentage positif est de commencer ou de rejoindre un groupe de soutien à l'autoparentage pendant au moins trois à six mois » (2, 73).

Il estime, à juste titre, à mon avis, que les nouveaux praticiens ont besoin d'être encouragés et de recevoir un soutien pratique.

16.9 La base neurologique de l'autoparentalité :

Il s'agit d'une réflexion intéressante, où l'on constate le fonctionnement logique, parental, du cerveau gauche par rapport au fonctionnement émotionnel, enfantin, de l'hémisphère droit.

Il énumère les capacités de chaque côté du cerveau, ce qui, bien que très intéressant, ne fait guère avancer sa réflexion sur ce thème (2, 137).

Cependant, le point de vue selon lequel le cerveau humain est organisé de manière à permettre le fonctionnement parallèle et indépendant des deux moitiés, mais intègre également un système d'interaction et d'échange, apporte un argument presque physiologique sur la manière dont nous fonctionnons tous comme deux entités distinctes, mais liées entre elles.

16.10 Les besoins de l'enfant intérieur :

Physiques : nourriture, eau, sommeil, confort physique, ordre et protection, air frais, vêtements, exercice, argent et contacts physiques (2, 160 - 7).

Émotionnels : se sentir enthousiaste, être aimé / donner de l'amour, être heureux, s'amuser, avoir une vie familiale positive, exprimer ses opinions, être créatif et avoir de l'intimité / du temps pour soi (2, 168 - 171).

Mentaux : Explorer, recevoir un enseignement, apprendre, être encouragé, être reconnu et communiquer (2, 172 - 5).

16.11 Les besoins sociaux des deux moi intérieurs :

Apprendre et suivre des règles sociales sensées, apprendre et pratiquer des compétences sociales positives, étudier et apprendre des compétences en matière de communication, résoudre des conflits relationnels, promouvoir le fonctionnement social dans le « monde réel », et être reconnu et se sentir membre d'un groupe.

16.12 Réflexion et discussion.

En raison de la similitude des prémisses, il est évident qu'il existe de nombreux points communs entre les deux approches.

Je peux généralement souscrire à l'idée que le « **parent intérieur** commence à se développer entre deux et quatre ans, en fonction de toutes les figures parentales qu'il a rencontrées, ainsi que de tous les facteurs sociaux et culturels de son environnement ».

Cependant, j'ai émis l'hypothèse que le processus d'apprentissage pourrait commencer beaucoup, beaucoup plus tôt.

En fait, dans mon livre *Picturing the Mind*[15], je suggère que dès l'âge de 18 semaines, le bébé commence à apprendre comment il est censé réagir à certains stimuli.

À ce moment-là, on pourrait imaginer que le bébé ne vit qu'à travers sa mère.

Cependant, comme il peut entendre et réagir à ce qu'il entend dès l'âge de 18 semaines, le bébé apprend déjà à réagir aux stimuli audibles.

Il entend quelque chose ; la mère réagit d'une certaine manière, le bébé intègre l'expérience, et la prochaine fois qu'il entendra la même chose, dans les mêmes circonstances, il réagira de la même manière.

C'est-à-dire qu'il commence déjà à intégrer les informations provenant d'une figure parentale.

Si cela semble un peu trop improbable et théorique, il y a les travaux de J. P. McHale et E. Fivaz-Depeursinge[16] dans leur travail révolutionnaire sur les triades familiales.

---

[15] Gary Edward Gedall, Picturing the Mind, From Words to Worlds (Des mots aux mondes) 2015
[16] McHale, J.P., Fivaz-Depeursinge, E. Understanding Triadic and Family Group Interactions During Infancy and Toddlerhood. Clin Child Fam Psychol Rev 2, 107-127 (1999). https://doi.org/10.1023/A:1021847714749

Ils ont pris des nourrissons et des enfants en bas âge avec leurs parents et les ont soumis à diverses expériences inédites.

En fonction des réactions de leurs parents, ils vivront cette stimulation inconnue comme positive, négative, effrayante ou amusante.

Ils étaient déjà capables d'intégrer les messages parentaux sur la façon de réagir.

Je suis tout à fait d'accord pour dire que cela inclut « tous les facteurs sociaux et culturels de votre environnement ».

Il s'ensuit évidemment que le parent intérieur peut avoir des attributs constructifs ou destructeurs en fonction des influences les plus importantes.

Il confirme sa position : « Le programme d'autoparentage enseigne que seules deux voix composent votre conversation intérieure – le parent intérieur et l'enfant intérieur ».

Cependant, j'ai trouvé que cela simplifiait l'image de travailler avec le concept de Parents au pluriel, car cela laisse un espace pour que certains éléments opposés et contradictoires puissent coexister sans créer plus de confusion pour le patient.

Cela semble plus cohérent avec l'idée que « Certains systèmes psychologiques… décrivent jusqu'à 30 à 40 voix intérieures », quoi qu'il en soit.

Nous arrivons maintenant à la section des « **Conversations intérieures** ».

Comme je l'ai déjà mentionné, je ne suis pas quelqu'un qui a tendance à suivre les protocoles des autres.

Cette approche très formelle peut vous convenir, alors n'hésitez pas à la suivre.

Si ce n'est pas le cas, alors… ne le faites pas.

Le concept de dialogue intérieur est, bien entendu, essentiel. À tel point que le premier nom que j'ai pensé utiliser pour ce système était « Traitement intérieur dialectique ».

Cependant, la forme exacte de communication intérieure doit être celle qui vous convient.

Le système PI ne se concentre pas beaucoup sur l'enfant intérieur – c'est également l'avis de JKP

Le but du programme d'autoparentage n'est pas de changer l'enfant intérieur.

Il se satisfait de l'idée qu'un enfant mal éduqué dysfonctionnera jusqu'à ce qu'il trouve un environnement parental approprié.

Plus la durée de la fonction parentale est longue et pas appropriée, plus le dysfonctionnement de l'enfant sera grave.

Conflits intérieurs :

Bien que la clarification, l'expression et la résolution des conflits intérieurs soient définitivement d'une importance capitale, je trouve le système tel que décrit plutôt infantile.

La mise au jour, la reconnaissance, l'expression et enfin la résolution de conflits intérieurs importants sont susceptibles de prendre un certain temps, non seulement pour les faire, mais surtout pour être capable de les faire.

L'Inner Bashing, malheureusement, existe trop souvent et régulièrement pour mes patients.

Le modèle d'autoparentage semble un peu limité pour trouver des solutions à ce type de cas.

Le modèle PI considère qu'il s'agit d'un signe « normal » de souffrance pour de nombreuses personnes et qu'il faut espérer que cela les motive à se remettre en question et à faire les efforts nécessaires pour créer des changements intérieurs.

La Création et le Fonctionnement du Self Parenting Style soulignent que « votre style ou modèle d'autoparentage… devient automatique et inconscient ».

C'est très bien, à condition qu'il fonctionne raisonnablement bien.

S'il s'avère qu'il ne fait pas le travail que nous souhaitons, nous devons le rendre « manuel » et conscient.

Le modèle du « parent extérieur » affirme la chose suivante : « Au fur et à mesure que vous améliorez la relation d'autoparentage… vous constaterez que toutes vos autres relations s'améliorent dans la même mesure. »

Le modèle PI intègre le concept selon lequel les compétences que nous pouvons acquérir pour gérer notre enfant intérieur sont les mêmes types d'attitudes et de stratégies qui peuvent nous aider dans nos relations quotidiennes avec les personnes et les situations du monde réel.

L'idée de **groupes de soutien pour le « parent extérieur »** peut être intéressante, mais elle n'est en aucun cas une obligation dans le cadre du système PI.

Comme je l'ai écrit plus haut, l'examen de la base neurologique de l'autoparentage apporte un argument presque physiologique sur la façon dont nous fonctionnons tous comme deux entités distinctes, mais liées entre elles.

Enfin, les **besoins de l'enfant intérieur** semblent suivre et développer la hiérarchie des besoins de Maslow[17], qui, selon moi, n'a pas besoin d'être approfondie.

Donc, en conclusion, nous avons trouvé un certain nombre de points de similitude entre les deux approches.

---

[17] Maslow, A. H. (1943). A theory of human motivation. Psychological Review, 50(4), 370-96.

Là où elles divergent, c'est principalement dans le domaine thérapeutique. L'autoparentage se limite à une attitude de soutien, de communication, d'attention et de compromis.

L'approche de l'PI est beaucoup plus développée et compliquée.

Il semble presque que le système d'autoparentage s'arrête après l'étape du contact et du compromis, alors que l'approche PI offre un suivi plus complexe et plus complet. (C'est moi qui le dis, n'est-ce pas ?)

17 Les étapes du développement moral de Lawrence Kohlberg.

17.1 Les étapes du développement et l'intégration parentale

Comme nous avons déjà commencé à y réfléchir dans le chapitre sur l'autoparentalité, les enfants développent des attributs « parentaux » dès leur plus jeune âge.

En complément de cette réflexion, j'ai pensé qu'il serait intéressant d'examiner brièvement les travaux de Lawrence Kohlberg et ses « étapes du développement moral ».

Bien que je pense que nous commençons à apprendre avant même de naître, il semble que certains types d'intégration parentale ne puissent être réalisés qu'à des périodes spécifiques de notre développement.

Comme je travaille avec de nouveaux concepts et de nouvelles images, il ne peut y avoir de recherche directe pour étayer ces affirmations.

Cependant, de nombreux modèles théoriques du développement de l'enfant et de l'adulte sont liés sur certains points à ce sujet, comme, par exemple, les travaux de Lawrence Kohlberg sur les étapes du développement moral.

Bien que cela ne soit que grossièrement lié à l'âge chronologique de l'enfant, il montre clairement comment l'individu développe sa capacité à comprendre et à intégrer son appréciation du bien et du mal, du crime et de la punition selon une progression prédéfinie.

Certaines parties de ce chapitre sont tirées de la page Wikipédia « Lawrence Kohlberg's stages of moral development ».[18]

Et

Les stades du développement moral de Kohlberg, Scholar Google Swiss[19]

Les étapes du développement moral de Lawrence Kohlberg constituent une adaptation d'une théorie psychologique conçue à l'origine par le psychologue suisse Jean Piaget.

Selon cette théorie, le raisonnement moral, qui est à la base du comportement éthique, comporte six stades de développement identifiables, chacun d'entre eux permettant de mieux répondre aux dilemmes moraux que le précédent.

---

[18]

https://en.wikipedia.org/wiki/Lawrence_Kohlberg%27s_stage s_of_moral_development récupéré le 05 12 2018

[19]

http://scholar.google.ch/scholar_url?url=http://www.acrss.ca/ blogs/ce10-cr/files/2011/11/Kohlbergs-Stages-HO2.doc&hl=en&sa=X&scisig=AAGBfm0rYrrmadNfx9SVs n3TeZP8s39jZQ&nossl=1&oi=scholarr récupéré le 05 12 2018

Pour ses études, Kohlberg s'est appuyé sur des histoires telles que le dilemme de Heinz (où un homme vole un médicament déraisonnablement cher pour sauver la vie de sa femme) et s'est intéressé à la manière dont les individus justifieraient leurs actions s'ils étaient placés dans des dilemmes moraux similaires.

Il a ensuite analysé la forme du raisonnement moral affiché, plutôt que sa conclusion, et l'a classé comme appartenant à l'une des six étapes distinctes.

17.2 Les six étapes du développement moral

Les six étapes du développement moral sont généralement regroupées en trois niveaux de moralité : la moralité préconventionnelle, conventionnelle et post-conventionnelle.

Niveau 1 (préconventionnel)

1. Orientation vers l'obéissance et la punition

(Comment puis-je éviter la punition ?)

2. Orientation vers l'intérêt personnel

(Qu'est-ce que j'y gagne ?)

(Payer pour un avantage)

Niveau 2 (conventionnel)

3. Accord et conformité interpersonnels

(Normes sociales)

(L'attitude du bon garçon/fille)

4. Orientation vers l'autorité et le maintien de l'ordre social

(Moralité de l'ordre public)

Niveau 3 (post-conventionnel)

5. Orientation vers le contrat social

6. Principes éthiques universels

(Conscience de principe)

La compréhension acquise à chaque étape est conservée dans les étapes ultérieures, mais peut être considérée par ceux qui se trouvent dans les étapes ultérieures comme simpliste et manquant d'attention aux détails.

17.3 Préconventionnel

Le niveau préconventionnel du raisonnement moral est prédominant chez les enfants, bien que les adultes puissent également présenter ce niveau de raisonnement.

Les raisonneurs de ce niveau jugent la moralité d'une action par ses conséquences directes.

Au premier stade (axé sur l'obéissance et la punition), par exemple, une action est perçue comme moralement mauvaise parce que son auteur est puni.

« La dernière fois que j'ai fait ça, j'ai reçu une fessée, alors je ne le referai pas. »

Plus la punition pour l'acte est sévère, plus l'action est perçue comme « mauvaise ».

Par exemple, si le camarade de classe d'un enfant tente de le mettre au défi de sécher les cours, l'enfant appliquerait l'obéissance et la moralité axée sur la punition en refusant de sécher les cours parce qu'il serait puni.

La deuxième étape (axée sur l'intérêt personnel) exprime la position « qu'est-ce que j'y gagne », dans laquelle le comportement correct est défini par ce que l'individu croit être dans son meilleur intérêt, mais compris d'une manière étroite qui ne tient pas compte de sa réputation ou de ses relations avec des groupes de personnes.

Un exemple d'intérêt personnel est celui d'un enfant à qui ses parents demandent d'effectuer une tâche ménagère, une corvée. L'enfant demande « qu'est-ce que j'y gagne ? ». Les parents proposent à l'enfant une incitation en lui donnant une « allocation » pour le rémunérer de ses corvées. L'enfant est motivé par son propre intérêt à faire des corvées.
[Oui, ceci a été écrit à l'origine par un Américain – NDLR.]

17.4 Conventionnel

Le niveau conventionnel de raisonnement moral est typique des adolescents et des adultes. Raisonner de manière conventionnelle, c'est juger de la moralité des actions en les comparant selon les valeurs et les attentes de la société.

La moralité conventionnelle se caractérise par l'acceptation des conventions de la société concernant le bien et le mal.

Le respect des règles et des conventions est toutefois quelque peu rigide, et la pertinence ou l'équité d'une règle est rarement remise en question.

Au stade trois (bonnes intentions déterminées par le consensus social), le soi entre dans la société en se conformant aux normes sociales.

Les individus sont réceptifs à l'approbation ou à la désapprobation des autres, car cela reflète les opinions de la société.

Le raisonnement du stade trois peut juger de la moralité d'une action en évaluant ses conséquences en fonction des relations de la personne, qui commencent maintenant à inclure des éléments comme le respect, la gratitude et la « règle d'or ».

« Je veux qu'on m'aime et qu'on pense à moi ; apparemment, le fait de ne pas être méchant fait que les gens m'aiment. »

Au stade quatre (obéissance à l'autorité et à l'ordre social), il est important d'obéir aux lois, aux dictums et aux conventions sociales en raison de leur importance pour le maintien d'une société fonctionnelle.

Le raisonnement moral de l'étape quatre va donc au-delà du besoin d'approbation individuelle de l'étape trois.

Lorsque quelqu'un enfreint une loi, c'est moralement répréhensible ; la culpabilité est donc un facteur important à ce stade, car elle sépare les mauvais domaines des bons.

La plupart des membres actifs de la société en sont encore au stade quatre, où la moralité est encore principalement dictée par une force extérieure.

17.5 Post-conventionnel

Le niveau post-conventionnel, également appelé niveau des principes, est marqué par une prise de conscience croissante du fait que les individus sont des entités distinctes de la société et que le point de vue de l'individu peut primer sur celui de la société ; les individus peuvent désobéir à des règles incompatibles avec leurs propres principes.

Les moralistes post-conventionnels vivent selon leurs propres principes éthiques – des principes qui incluent généralement des droits humains fondamentaux tels que la vie, la liberté et la justice.

Les personnes qui font preuve d'une moralité post-conventionnelle considèrent les règles comme des mécanismes utiles, mais modifiables – idéalement, les règles peuvent maintenir l'ordre social général et protéger les droits de l'homme.

Au stade cinq (axé sur le contrat social), le monde est considéré comme porteur d'opinions, de droits et de valeurs différents. Ces perspectives doivent être mutuellement respectées comme étant uniques à chaque personne ou communauté.

Les lois sont considérées comme des contrats sociaux plutôt que des règlements rigides. Celles qui ne favorisent pas le bien-être général doivent être modifiées lorsque cela est nécessaire pour satisfaire « le plus grand bien pour le plus grand nombre de personnes ».

Au stade six (axé sur les principes éthiques universels), le raisonnement moral est basé sur un raisonnement abstrait utilisant des principes éthiques universels.

Les lois ne sont valables que dans la mesure où elles sont fondées sur la justice, et un engagement envers la justice entraîne l'obligation de désobéir aux lois injustes.

L'action n'est jamais un moyen, mais toujours une fin en soi ; l'individu agit parce que c'est juste, et non parce que cela évite une punition, est dans son intérêt, attendu, légal ou convenu au préalable.

Selon Kohlberg, une personne qui progresse vers un stade supérieur de raisonnement moral ne peut pas sauter de stade.

Lorsqu'il est confronté à un dilemme moral et que son niveau actuel de raisonnement moral est insatisfaisant, l'individu se tourne vers le niveau suivant.

Le processus est donc considéré comme constructif, car il est initié par la construction consciente de l'individu et n'est en aucun cas une composante des dispositions innées de l'individu ou le résultat d'inductions passées.

Une critique de la théorie de Kohlberg est que les gens font souvent preuve d'une incohérence significative dans leurs jugements moraux. C'est souvent le cas dans les dilemmes éthiques impliquant la conduite en état d'ivresse et les situations professionnelles, où il a été démontré que les participants raisonnent à un stade inférieur, utilisant généralement davantage le raisonnement axé sur l'intérêt personnel (c'est-à-dire le stade deux) que le raisonnement axé sur l'autorité et l'obéissance à l'ordre social (c'est-à-dire le stade quatre) ; la théorie de Kohlberg est donc généralement considérée comme incompatible avec les incohérences du raisonnement moral.

Krebs et Denton[20] ont également tenté de modifier la théorie de Kohlberg pour tenir compte de nombreux résultats contradictoires, mais ont finalement conclu que la théorie n'est pas équipée pour prendre en compte la manière dont la plupart des individus prennent des décisions morales dans leur vie quotidienne.

17.6 Réflexion et discussion.

Bien qu'assez limitées dans leur portée, les étapes du développement moral de Lawrence Kohlberg offrent un aperçu intéressant de la création et de la structuration de certains de nos fonctionnements parentaux.

Au premier stade (axé sur l'obéissance et la punition), par exemple, une action est perçue comme moralement mauvaise parce que son auteur est puni.

---

[20] Krebs, D. L., & Denton, K. (2005). Toward a More Pragmatic Approach to Morality: A Critical Evaluation of Kohlberg's Model. Psychological Review, 112(3), 629-649. https://doi.org/10.1037/0033-295X.112.3.629

Cette étape peut être directement liée au « juge », dont le rôle est de distinguer le bien du mal et de déterminer la sanction appropriée pour avoir enfreint les règles ou les lois.

La deuxième étape (axée sur l'intérêt personnel) exprime la position « qu'est-ce que j'y gagne », dans laquelle le comportement correct est défini par ce que l'individu croit être dans son meilleur intérêt, mais compris d'une manière étroite qui ne tient pas compte de sa réputation ou de ses relations avec des groupes de personnes.

Cela peut être observé dans l'une des facettes les moins appréciées du « vendeur ». Son seul intérêt est de réaliser sa vente et de toucher sa commission.

Au stade trois (bonnes intentions déterminées par le consensus social), le soi entre dans la société en se conformant aux normes sociales.

Le « juge de ligne » sait comment et où les choses doivent être faites pour rester dans les normes et les valeurs de la société.

Au stade quatre (obéissance à l'autorité et à l'ordre social), il est important d'obéir aux lois, aux dictums et aux conventions sociales en raison de leur importance pour le maintien d'une société fonctionnelle.

Bien que le « policier » ne fasse pas les lois et ne punisse pas ceux qui les transgressent, il est là pour « maintenir la loi et l'ordre ».

Au stade cinq (axé sur le contrat social), le monde est considéré comme porteur d'opinions, de droits et de valeurs différents. Ces perspectives doivent être mutuellement respectées comme étant uniques à chaque personne ou communauté.

C'est là que le « rebelle » doit faire entendre sa position et sa voix.

Les règles et normes rigides et non représentatives qui limitent nos libertés individuelles doivent être remises en question et modifiées.

Au stade six (axé sur les principes éthiques universels), le raisonnement moral est basé sur un raisonnement abstrait utilisant des principes éthiques universels.

Enfin, nous devons faire appel à notre fonction de « gourou » pour nous élever à un niveau supérieur d'appréciation universelle.

Ces six « étapes » existent toutes dans nos archétypes parentaux (mais pas toutes dans les 48 actuellement disponibles). Et dans la logique de l'PI, chacun d'entre elles peut être utile et approprié dans n'importe quelle circonstance spécifique et à n'importe quel moment.

Ainsi, l'idée qu'il s'agit d'étapes consécutives auxquelles on arrive, en passant et en se libérant du niveau précédent, ne correspond pas à notre modèle.

Bien au contraire, chaque étape consécutive ajoute à l'éventail des modes de fonctionnement possibles, élargissant et enrichissant ainsi nos choix et nos actions possibles.

Cette vision du fonctionnement de ce processus permet d'expliquer les incohérences apparentes que les chercheurs ont mises en évidence dans les travaux de Kohlberg.

Ainsi, pour conclure, le modèle PI est totalement cohérent avec les résultats de Kohlberg tout en répondant aux critiques selon lesquelles les étapes ne sont pas toujours contiguës.

18 Discours intérieur

18.1 Introduction

Le discours intérieur, le self-talking, le traitement dialectique, etc. sont tous des termes qui font référence à nos capacités à activer un dialogue interne conscient avec nous-mêmes.

Un tel dialogue est fondamental pour l'approche du PI.

Il est donc plus qu'intéressant d'examiner les théories sur le comment et le pourquoi de son existence.

Ben Alderson-Day et Charles Fernyhough ont commencé leur article « Inner Speech : Development, Cognitive Functions,

Phenomenology, and Neurobiology »[21] avec la remarque suivante :

« Le discours intérieur – également connu sous le nom de discours caché ou de pensée verbale – a été impliqué dans les théories du développement cognitif, de la surveillance du discours, de la fonction exécutive et de la psychopathologie. »

Et :

« Malgré sa variabilité entre les individus et au cours de la vie, la parole intérieure semble remplir des fonctions importantes dans la cognition humaine. »

D'où le large éventail de domaines dans lesquels le discours intérieur est considéré comme important.

18.2 La création de l'Inner Speech

Il semble qu'il y ait un consensus sur le fait que le discours intérieur est l'intériorisation d'une forme de « dialogue avec soi-même » (mon propre terme).

J'utilise cette terminologie parce que nous trouvons maintenant deux écoles de pensée qui ont des visions différentes du précurseur de la parole intérieure.

---

[21] Alderson-Day, B. & Fernyhough, C., C *Inner Speech: Development, Cognitive Functions, Phenomenology, and Neurobiology* Psychological Bulletin 2015, Vol. 141, No. 5, 931-9650033-2909/15 http://dx.doi.org/10.1037/bul0000021, consulté le 20.08.2022

Lev Semenovich Vygotsky (1896-1934) a créé le concept de « discours privé ».

Ghafoori et Esmaeili[22] situent cela dans sa « théorie socioculturelle, qui soutient que pratiquement toutes les fonctions mentales des humains ont des racines dans le contexte social et culturel et que la langue agit comme un outil de médiation de notre fonctionnement mental ».

Jean William Fritz Piaget (1896-1980) a inventé le terme « discours égocentrique ».

Selon Karin Junefelt[23], dans sa perspective, l'enfant passe d'un stade de développement autistique à un stade socialisé. Au cours de ce changement développemental, le discours égocentrique apparaît comme une forme de transition entre le discours autistique et le discours socialement dirigé.

Examinons chacun de leurs points de vue…

---

[22] Ghafoori, N. & Esmaeili,   Piaget versus Vygotsky on private speech.
https://www.academia.edu/13795707/Piaget_versus_Vygotsky_on_private_speech. Récupéré le 20 08 2022
[23]Rethinking Egocentric Speech: Towards a New Hypothesis by Karin Junefelt Nova Science Publishers, Inc. ; édition britannique (21 septembre 2007)

18.3 Vygotsky – Apprendre à partir du discours personnel

Faye Stanley écrit :[24]
Vygotsky a affirmé que « c'est grâce aux interactions sociales entre l'enfant qui grandit et les autres membres de sa communauté que l'enfant acquiert les outils de la pensée et de l'apprentissage ».

Sur les origines de la parole privée

Vygotsky considérait le langage privé comme « une étape intermédiaire critique dans la transition de la communication sociale externe à l'autodirection interne et comme la pierre angulaire de tous les processus cognitifs supérieurs, y compris l'attention sélective, le volontariat, la mémoire, la planification, la formation de concepts et l'autoréflexion ».

---

[24] Stanley, F. *Vygotsky – – From public to private: learning from personal speech..* Consulté le 25.11.2018

Cependant, si Vygotsky a conceptualisé le discours privé comme « un discours qui n'est pas adressé ou adapté à un auditeur et qui n'oblige pas à une réaction de la part de l'auditeur », cette conception est très différente de celle de Piaget.

Selon Ghafoori et Esmaeili[25], le terme « discours privé » fait référence à :

- « Parole produite à haute voix par les jeunes enfants qui semble s'adresser soit à eux-mêmes, soit à personne en particulier, et qui parfois ne peut pas être facilement conçue par un auditeur.
- Un discours qui a des origines sociales dans le discours d'autrui, mais qui prend une fonction privée ou cognitive. » En d'autres termes, il s'agit d'un discours qui n'est pas destiné à la communication, mais qui a une origine sociale.
- Un énoncé par lequel l'enfant s'efforce de réguler son fonctionnement mental malgré le processus complexe de l'apprentissage.
- Une conversation ou un discours audible d'un enfant avec lui-même qui n'est ni adressé à une autre personne ni reçu comme tel ».

---

[25] Ghafoori, N & Esmaeili, M M. Piaget versus Vygotsky on private speech.
https://www.academia.edu/13795707/Piaget_versus_Vygotsky_on_private_speech. Récupéré le 20 08 2022

Ainsi, pour Vygotsky, l'apparition du langage privé à l'âge de trois ans environ trouve son origine dans le langage socialisé précoce, qui se sépare progressivement en deux types fonctionnellement spécifiques : le langage utilisé pour communiquer avec les autres et le langage purement dirigé vers soi.

Lorsque le discours privé se sépare du discours social, il devient une pensée exprimée à haute voix et « un système d'autocontrôle externalisé, qui planifie, dirige et contrôle le comportement ».

Une fois que les enfants parviennent à placer l'action sous le contrôle de verbalisations autodirigées, le discours explicite devient « souterrain ».

Le passage à la parole intérieure ou à la pensée verbale se produit à l'âge de sept ans environ.

Pour Vygotsky, dans un premier temps, le discours privé suit une action, se produisant comme une réflexion après coup.

Ensuite, la parole apparaît en même temps que le comportement, et pendant ces deux phases, elle accompagne largement l'activité de l'enfant.

Enfin, le discours privé se déplace vers le point de départ de l'action et assume une fonction d'autorégulation en permettant à l'enfant de planifier et de moduler son comportement à chaque instant alors qu'il s'attaque à des tâches difficiles.

À mesure que la maîtrise du comportement s'améliore, des changements structurels se produisent dans le discours privé.

Vygotsky affirme qu'au fur et à mesure que les enfants d'âge préscolaire deviennent capables d'apprécier le point de vue d'autrui, ce type de discours diminue et est remplacé par une « communication véritablement socialisée », ce qui constitue un « accomplissement développemental révélateur de la nouvelle capacité de réflexion de l'enfant d'âge scolaire ».

Selon la théorie de Vygotsky, « le discours privé est à la fois le précurseur de la pensée consciente et autorégulatrice et un maillon essentiel de la transmission culturelle des compétences cognitives d'une génération à l'autre ».

18.4 Le discours égocentrique de Piaget

Karin Junefelt, dans son article « Rethinking Egocentric Speech » :[26]

À la suite de ses recherches sur les enfants âgés de quatre à sept ans, Piaget est arrivé à la conclusion que le langage des enfants pouvait être « divisé en deux grands groupes : le groupe égocentrique et le groupe socialisé ».

Il a ensuite divisé le discours égocentrique en trois catégories : la répétition ou écholalie, le monologue et le monologue double ou collectif.

Dans le cas de la répétition ou de l'écholalie, l'enfant répète ou imite des mots et des syllabes uniquement « pour le plaisir de parler, sans penser à parler à qui que ce soit, ni même parfois à dire des mots qui auront un sens ».

Piaget considérait ce phénomène comme « une confusion entre le Moi et le Non-moi, entre l'activité de son propre corps et celle du corps des autres ».

---

[26] Rethinking Egocentric Speech: Towards a New Hypothesis by Karin Junefelt Nova Science Publishers, Inc.; UK ed. edition (September 21, 2007)

Quant au monologue, Piaget a déclaré que : « L'enfant se parle à lui-même comme s'il pensait à haute voix. Il ne s'adresse à personne ».

Dans le monologue dual ou collectif, l'enfant « se parle à lui-même à haute voix devant les autres ».

« Le point de vue de l'autre n'est jamais pris en compte, sa présence ne sert que de stimulus. »

Selon Piaget, le discours égocentrique n'a pas de fonctions particulières.
Il a fait valoir qu'au fur et à mesure de la maturation cognitive et sociale de l'enfant, l'autisme s'estompera, le discours égocentrique diminuera et l'enfant sera capable d'adopter le point de vue de « l'autre » et d'entamer un véritable dialogue social.

18.5 Réflexion et discussion.

Vygotsky a affirmé que « c'est grâce aux interactions sociales entre l'enfant qui grandit et les autres membres de sa communauté que l'enfant acquiert les outils de la pensée et de l'apprentissage ».

C'est un principe fondamental de la manière dont je conçois la création de nos fonctions parentales.

En outre, « pratiquement toutes les fonctions mentales de l'homme ont leurs racines dans le contexte social et culturel, et le langage agit comme un outil de médiation de notre fonctionnement mental ».

Cependant, je m'écarterai ici de cette vision quelque peu limitée de la manière dont nous grandissons et nous développons.

Je trouve la partie linguistique du concept trop restrictive.

Vygotsky considérait le discours privé comme « la pierre angulaire de tous les processus cognitifs supérieurs, notamment l'attention sélective, le volontariat, la mémoire, la planification, la formation de concepts et l'autoréflexion ».

Il s'agit d'une hypothèse importante quant à la base de notre capacité à fonctionner en tant qu'êtres intelligents et pensants.

Si elle devait être exacte, par association, la parole intérieure, bien qu'inconsciente, est fondamentale pour notre fonctionnement quotidien.

Énumérer les quatre facettes du discours privé :

- « Discours… adressé soit à soi-même, soit à personne en particulier.

- Le discours qui… n'est pas destiné à la communication.

-Un énoncé… pour réguler notre fonctionnement mental malgré le processus complexe d'apprentissage.

- Une conversation audible… qui n'est ni adressée à une autre personne ni reçue comme telle ».

Les première, deuxième et quatrième facettes semblent être plus ou moins les mêmes – on se parle à soi-même.

Cependant, c'est la troisième qui est la plus intéressante ici, car elle concerne un système de soutien mis en place par l'enfant en faisant référence à des informations, des actions, des connaissances ou des comportements qu'il est en train d'intégrer de la part d'une figure parentale.

Dans le système de Piaget, il a divisé le discours égocentrique en trois catégories : la répétition ou écholalie, le monologue et le monologue double ou collectif.

Pour moi, la répétition ou l'écholalie sont les premières étapes de tout apprentissage. C'est particulièrement évident chez les jeunes enfants.

Cela se développe naturellement dans la phase des monologues.

Comme les petits enfants se livrent souvent à des « jeux parallèles » (ils jouent à côté d'autres enfants, mais pas toujours avec eux) et n'ont pas encore intégré la « règle » de ne pas se parler à eux-mêmes en public, il me semble qu'il n'y a pas de différence fondamentale entre le monologue et le monologue double ou collectif.

Si l'on devait affiner la précision des types de monologues, je suggérerais de les séparer en deux catégories : instructifs et créatifs.

On parle de **monologues créatifs** lorsque l'enfant utilise son imagination pour créer ses propres mondes magiques. Cela provient d'informations déjà internalisées.

Les monologues instructifs sont des instructions d'autoassistance sur la façon dont on peut ou doit faire quelque chose. Ils proviennent de sources externes et sont en cours d'internalisation.

Et ce serait cette deuxième forme qui s'inscrit dans les modèles auxquels nous réfléchissons.

Nous nous intéressons à ces deux modèles classiques, car ils font tous deux référence à cette étape d'extériorisation vocale, qui est explicitement dirigée vers l'enfant lui-même.

Vygotsky, en particulier, souligne qu'il s'agit d'un moyen d'intégrer des connaissances et des normes externes et également d'aider à la résolution de problèmes.

Ils parlent ensuite tous deux du passage vers la parole intérieure, qui devient non seulement non verbale, mais aussi, dans une large mesure, inconsciente.

Dans de nombreuses situations, si ce n'est la plupart, il est important d'être parfaitement inconscient de nos dialogues intérieurs, car ils ont tendance à fonctionner parfaitement bien, et nous avons d'autres choses bien plus intéressantes à nous préoccuper.

Ce n'est que lorsque notre vie commence à refléter une forme de manque ou de dysfonctionnement dans ces processus que nous devons ramener certains de ces dialogues à notre conscience et supprimer les réponses automatiques.

L'approche PI (mais pas uniquement) se concentre sur le fait de ramener ces fonctions dans notre esprit conscient pour que nous puissions nous offrir des moyens nouveaux et différents de gérer nos conflits intérieurs et extérieurs et nous remettre à vivre en harmonie avec le monde réel.

19 Thérapie comportementale dialectique (TCD)

19.1 Introduction

Pour être parfaitement transparent, j'ai d'abord nommé l'Inner Parenting (l'éducation parentale intérieure) Dialectic Inner Parenting (l'éducation parentale intérieure dialectique).

Ce n'est que lorsque j'ai commencé à faire des recherches sur ce livre que j'ai découvert que la TCD existait ; pire encore, il y avait de nombreuses similitudes entre les deux approches.

[TCD – DBT – Dialectic Behavioural Therapy – Ed.]

On pourrait dire que j'ai été, consciemment ou inconsciemment, influencé par la TCD dans la création de l'approche PI.

Cependant, étant donné que je n'ai aucun lien dans mon travail ou mes lectures (maintenant réduits à presque rien avec mes autres projets et responsabilités) avec une quelconque forme de thérapie comportementale.

Et que je peux retracer l'évolution du PI. dans mon développement personnel et mes thérapies, à la fois en individuel et en groupe, je me sens à l'aise pour noter les similitudes sans craindre l'idée d'avoir « voler » la TCD.

On peut également réfléchir quant au fait qu'il y a souvent eu des « découvertes » identiques dans différentes parties du monde, mais simultanément, comme on peut le voir sur la « liste des découvertes multiples »[27] sur la page Wikipédia. Il se peut donc que l'heure soit venue et que ce soit « dans l'air », pour ainsi dire.

Je dois admettre que l'utilisation du terme « dialectique » est plus qu'une coïncidence.

Malgré cela, je présente le PI comme ma « propre » création, et je propose une description de la TCD en tant qu'approche sœur.

Veuillez noter que je ne citerai que les deux sources primaires que j'ai utilisées pour ce chapitre. Pour plus de simplicité, je les citerai ici et j'utiliserai librement des passages et des phrases des deux sources sans références spécifiques.

---

[27] https://en.wikipedia.org/wiki/List_of_multiple_discoveries téléchargé le 25 01 2023

Je suggère chaleureusement à toute personne désireuse d'approfondir ses recherches sur le sujet de s'investir dans la recherche et la lecture de ces deux excellents articles.

Dialectical Behavior Therapy for Borderline Personality Disorder[28], de Marsha M. Linehan et Elizabeth T. Dexter-Mazza, est un traité incroyablement riche et complet sur le BPD, les différentes approches et, bien sûr, la DBT.

Emerging Approaches to Counselling Intervention : Dialectical Behavior Therapy[29], d'Andrada D. Neacsiu et al., apporte une description complète et détaillée de la théorie, des objectifs et des techniques utilisées dans la TCD.

Cependant, cela semble être une lacune importante, sans parler de l'article original sur le sujet, « Dialectical Behavioural Therapy:

---

[28] Linehan, M. M. & Dexter-Mazza, E. T. (2008). Dialectical behavior therapy for borderline personality disorder. In D. H. Barlow (Ed.), Clinical handbook of psychological disorders : A step-by-step treatment manual (pp. 365-420). The Guilford Press

[29] Neacsiu, A. D., Ward-Ciesielski, E. F., & Linehan, M. M. (2012). Emerging Approaches to Counseling Intervention: Dialectical Behavior Therapy. The Counseling Psychologist, 40(7), 1003–1032.
https://doi.org/10.1177/0011000011421023

A Cognitive Behavioral Approach to Parasuicide »[30]
par Marsha M. Linehan.

19.2 Qu'est-ce que la thérapie comportementale dialectique ?

La thérapie comportementale dialectique (TCD) est considérée comme un traitement cognitivo-comportemental complet et multimodal initialement développé pour les personnes répondant aux critères du trouble de la personnalité borderline. Elle est basée sur la théorie comportementale, mais inclut également les principes d'acceptation, de pleine conscience et de validation.

L'orientation théorique du traitement est un mélange de trois approches : la science du comportement, la philosophie dialectique et la pratique zen.

Le terme « dialectique », appliqué à la thérapie comportementale, fait référence à la fois à une nature fondamentale de la réalité et à une méthode de dialogue et de relation persuasive.

Ou encore, comme le dialogue et la relation, la dialectique fait référence à l'approche ou aux

---

[30] Dialectical Behavioral Therapy: A Cognitive Behavioral Approach to Parasuicide
Linehan, Marsha M. Journal of Personality Disorders; New York Vol. 1, Iss. 4, (Dec 1987): 328-333.
DOI:10.1521/pedi.1987.1.4.328

stratégies de traitement utilisées par le thérapeute pour obtenir un changement.

Ainsi, au cœur de la TCD se trouve un certain nombre de stratégies thérapeutiques dialectiques utilisées par le thérapeute au cours des séances de thérapie individuelle. À terme, cette forme de dialogue sera intégrée par le patient pour être utilisée comme une forme de conversation intérieure.

La dialectique comme vision du monde

La TCD met l'accent sur la globalité, l'interrelation et le processus (changement) en tant que caractéristiques fondamentales de la réalité.

La première caractéristique, le principe d'interrelation et d'intégralité, permet de considérer le système dans son ensemble et la façon dont les individus sont liés au système plutôt que de considérer les individus comme s'ils existaient isolément.

Tout comme les théories contextuelles et systémiques, une vision dialectique soutient que l'analyse des parties d'un système est d'une valeur limitée, à moins que l'analyse ne relie clairement la partie au tout.

La deuxième caractéristique est le principe de polarité.

Bien que la dialectique se concentre sur l'ensemble, elle met également l'accent sur la complexité de chaque ensemble. Ainsi, la dialectique affirme que la réalité n'est pas réductible, c'est-à-dire qu'au sein de chaque chose ou système, aussi petit soit-il, il existe une polarité.

La dialectique suggère que la thèse et l'antithèse évoluent vers une synthèse, et que cette synthèse est inhérente à un nouvel ensemble de forces opposées.

C'est à partir de ces forces opposées que se développe la troisième caractéristique.

Pour équilibrer le changement nécessaire à l'amélioration de la vie de la personne BPD, la DBT a tiré les principes d'acceptation de la philosophie zen.

Les adeptes du zen sont encouragés à se défaire de leurs attachements quant à ce qu'ils pensent que la réalité devrait être et à trouver la voie du milieu par le biais de l'acceptation, de l'auto validation et de la tolérance.

Les principes zen ont été ajoutés à la TCD en incorporant la pratique de la pleine conscience.

La pleine conscience est définie comme le fait de vivre intentionnellement avec conscience dans le moment présent, sans juger ou rejeter le moment et sans attachement au moment.

Pour réunir ces deux approches opposées (c'est-à-dire l'acceptation et le changement), une philosophie dialectique mettant l'accent sur la synthèse des opposés a été adoptée.

La dialectique a fourni le contexte pour une synthèse du changement avec l'acceptation. D'un point de vue dialectique, la poussée vers le changement ne peut se produire que dans un contexte d'acceptation et de validation.

Cette caractéristique de la perspective dialectique fait référence au principe de changement continu.

Du point de vue du dialogue et de la relation, la dialectique fait référence au changement par la persuasion et par l'utilisation des oppositions inhérentes à la relation thérapeutique plutôt que par une logique formelle et impersonnelle.

19.3 Techniques spécifiques

La TCD est essentiellement un traitement de résolution de problèmes équilibré par la validation et maintenu par des stratégies dialectiques.

Les techniques de communication et les stratégies de gestion de cas font également partie intégrante de la TCD.

Dans la TCD, les stratégies sont des principes qui guident l'individu dans des situations spécifiques. Les stratégies de résolution de problèmes sont tirées des traitements cognitivo-comportementaux et comprennent la gestion des contingences, l'entraînement aux compétences, l'exposition, la modification cognitive, l'engagement et l'analyse comportementale.

19.4 Une approche en 4 étapes

La TCD fonctionne selon une structure en 4 étapes

Étape 1 : Atteindre les capacités de base
L'objectif principal de la première étape de la thérapie est d'atteindre un contrôle comportemental afin de construire un modèle de vie qui soit raisonnablement fonctionnel et stable.

Comportements mettant la vie en danger. Garder un client en vie doit, bien sûr, être la priorité numéro un de toute psychothérapie.

Comportements qui interfèrent avec la thérapie. Faire en sorte que les clients et les thérapeutes travaillent en collaboration est la deuxième priorité explicitement visée par la TCD.

Comportements interférant avec la qualité de vie. Le troisième objectif de l'étape 1 concerne tous les autres comportements qui empêchent le client d'avoir une qualité de vie raisonnable.

Compétences comportementales. Le quatrième objectif de l'étape 1 est que le client atteigne une capacité raisonnable d'acquisition et d'application de comportements habiles dans les domaines de la tolérance à la détresse, de la régulation des émotions, de l'efficacité interpersonnelle, de l'autogestion et de la capacité à réagir avec conscience sans porter de jugement (compétences de « pleine conscience »).

Étape 2 : Réduction du stress post-traumatique

L'étape 2 vise quatre objectifs : se souvenir et accepter les faits relatifs aux événements traumatiques antérieurs ; réduire la stigmatisation et la culpabilisation communément associées à certains types de traumatismes ;

réduire le déni oscillant et les syndromes de réponse intrusive communs aux personnes ayant subi un traumatisme grave ; et résoudre les tensions dialectiques relatives à l'attribution de la responsabilité du traumatisme.

Étape 3 : Résoudre les problèmes liés à la vie et à l'environnement.

Augmenter le respect de soi. Dans la troisième étape, la TCD cible le malheur inacceptable du client et ses problèmes de vie.

Étape 4 : Atteindre la capacité de liberté et de contentement durable.
La dernière étape du traitement de la TCD vise la résolution d'un sentiment d'incomplétude et le développement d'une capacité de satisfaction durable.

Ici, les objectifs sont l'élargissement de la conscience, l'épanouissement spirituel et le passage à l'expérience du flux.

Pour les individus au stade 4, une psychothérapie à long terme orientée vers la compréhension, une direction ou des pratiques spirituelles, ou d'autres traitements expérientiels organisés et/ou des expériences de vie peuvent être les plus bénéfiques.

19.5 Structuration du traitement : Fonctions et modes.

Fonctions du traitement

Le traitement en TCD est structuré autour des cinq fonctions essentielles qu'il remplit. Les fonctions de traitement visent à :

(1) améliorer les capacités comportementales en élargissant le répertoire de modèles comportementaux habiles de l'individu ;

(2) améliorer la motivation du patient en réduisant le renforcement des comportements dysfonctionnels et des réponses à forte probabilité (cognitions, émotions, actions) qui interfèrent avec les comportements efficaces ;

(3) s'assurer que les nouveaux comportements se généralisent de l'environnement thérapeutique à l'environnement naturel ;

(4) améliorer la motivation et les capacités du thérapeute afin de rendre le traitement efficace ; et

(5) structurer l'environnement de manière à renforcer les comportements efficaces, plutôt que les comportements dysfonctionnels.

199

19.6   Modes de traitement

Il existe un équilibre entre les séances individuelles hebdomadaires régulières au cours desquelles le thérapeute utilise un certain nombre d'approches dialectales pour retenir, soutenir, éduquer et motiver le patient sur son chemin thérapeutique.

Cependant, une grande partie de cette approche se trouve dans les sessions de groupe, où de nombreuses techniques sont expliquées et pratiquées.

Modules de formation aux compétences de groupe

Les compétences en matière de pleine conscience sont considérées comme centrales dans la TCD ; elles sont donc qualifiées de compétences « essentielles ». Ces aptitudes représentent une traduction comportementale de la pratique de la méditation (y compris le zen et la prière contemplative) et comprennent l'observation, la description, la participation spontanée, le non-jugement, la concentration de la conscience et la concentration sur l'efficacité.

Les compétences en matière de tolérance à la détresse comprennent deux types de compétences.

Tout d'abord, les compétences de survie en cas de crise sont utilisées pour réguler le comportement afin de gérer les situations douloureuses sans les aggraver (par exemple, sans adopter un comportement mettant la vie en danger) jusqu'à ce que le problème puisse être résolu.

Deuxièmement, les compétences d'acceptation de la réalité sont utilisées pour tolérer la douleur des problèmes qui ne peuvent être résolus ni dans un avenir à court terme ni dans le passé et qui, par conséquent, ne peuvent jamais être changés.

Les compétences en matière de régulation des émotions visent à réduire la détresse émotionnelle par l'exposition à l'émotion primaire dans une atmosphère de non-jugement.

Les compétences en matière de régulation des émotions comprennent l'identification et l'étiquetage des affects, la prise de conscience des émotions actuelles (c'est-à-dire le fait de ne pas porter de jugement), l'identification des obstacles au changement des émotions, l'augmentation des événements émotionnels positifs et l'expressivité comportementale opposée à l'émotion.

Les compétences en matière d'efficacité interpersonnelle enseignent des méthodes efficaces pour décider des objectifs dans les situations de conflit (soit demander quelque chose, soit dire « non » à une demande) et enseignent des stratégies qui maximisent les chances d'atteindre ces objectifs sans nuire à la relation ou sacrifier le respect de soi.

Les compétences d'autogestion sont enseignées conjointement avec les autres compétences comportementales ; toutefois, il n'y a pas de module spécifique consacré à ces compétences, car les principes comportementaux sont inhérents à l'ensemble de la TCD.

Les compétences d'autogestion comprennent la connaissance des principes fondamentaux de l'apprentissage et du changement de comportement, ainsi que la capacité à fixer des objectifs réalistes, à effectuer sa propre analyse comportementale et à mettre en œuvre des plans de gestion d'urgence.

C'est dans le cadre de ces exercices d'acquisition de compétences que de nombreuses stratégies d'adaptation sont présentées et travaillées.

Par exemple, le site « Sunrise - Real Life Change » décrit l'acronyme de tolérance à la détresse de la TCD : ACCEPTS.

L'acronyme « tolérance à la détresse » de la TCD est un groupe de compétences qui vous aident à tolérer une émotion négative jusqu'à ce que vous puissiez aborder et éventuellement résoudre la situation.

Cette compétence de la TCD est synonyme d'activités, de contributions, de comparaisons, d'émotions, de repoussements, de pensées et de sensations. Ces techniques sont conçues pour que vos émotions restent gérables jusqu'à ce que vous puissiez résoudre le problème.

Activités
Pratiquez une activité, et il peut s'agir de n'importe quelle activité saine. Lisez un livre, faites de la confiture de fraises, faites une promenade, appelez votre ami, faites la vaisselle.

Tout ce qui vous occupe et vous évite de penser à l'émotion négative vous aidera.

Si vous avez terminé, passez à une nouvelle activité. (Vous pourriez potentiellement passer une journée très productive en attendant cette situation redoutée.)

Contributions
Faites quelque chose de gentil pour une autre personne. Rendre service peut vous aider à soulager la détresse émotionnelle de plusieurs façons.

Un acte de service est également une activité qui, comme nous l'avons mentionné plus haut, vous aidera à ne plus penser au problème en cours.

De plus, nous nous sentons bien dans notre peau lorsque nous aidons quelqu'un d'autre, et cela peut en soi vous aider à gérer le stress.

Aidez à préparer le dîner, tondez la pelouse du voisin ou préparez des biscuits pour un ami ou un parent. Chacune de ces idées contributives vous distraira de votre situation actuelle.

Comparaisons
Mettez votre vie en perspective. Y a-t-il un moment où vous avez été confronté à des défis plus difficiles que ceux que vous affrontez aujourd'hui ?

Peut-être que non, peut-être que c'est la situation la plus intense et l'émotion la plus intense que vous ayez jamais vécues. (Si c'est le cas, vous devrez peut-être remonter à la section TIPP.)

Si c'est le cas, y a-t-il une autre personne qui a plus souffert que vous ? Êtes-vous à l'abri dans votre maison, alors que dans une autre partie du monde, quelqu'un d'autre cherche de la nourriture et un abri après une catastrophe naturelle ?

Le but de cet exercice n'est pas d'ajouter davantage de détresse et de douleur émotionnelles à votre situation actuelle.

Utilisez plutôt cette compétence pour ajouter une perspective différente à ce que vous vivez en ce moment.

Émotions
Vous avez le pouvoir d'invoquer l'émotion opposée à votre sentiment de détresse actuel. Si vous vous sentez anxieux, pratiquez la méditation pendant 15 minutes.

Si vous vous sentez déprimé, tapez sur Google Images « chiots adorables ». (Si vous avez besoin de rire un bon coup, cherchez « chiots moches ».)

Ajouter une dose de l'émotion opposée permet de réduire l'intensité de l'émotion négative.

Repoussements
Lorsque vous ne pouvez pas encore faire face à un problème, il est normal de le chasser temporairement de votre esprit.

Vous pouvez repousser le problème en vous distrayant avec d'autres activités, des pensées ou de la pleine conscience. Vous pouvez même fixer un moment pour revenir sur la question.

Vous savez que le problème sera réglé et vous pouvez vous détendre en attendant.

Pensées
Remplacez les pensées négatives et anxieuses par des activités qui occupent votre esprit, comme réciter l'alphabet à l'envers ou faire un puzzle Sudoku.

Ces distractions peuvent vous aider à éviter les comportements autodestructeurs jusqu'à ce que vous parveniez à réguler vos émotions.

Sensations
Utilisez vos cinq sens pour vous apaiser dans les moments de détresse.

Un comportement d'auto-apaisement peut consister à prendre un bain chaud avec une bombe de bain à la lavande et une musique relaxante, à manger une collation réconfortante ou à regarder votre émission préférée.

Tout ce qui fait appel à vos sens peut vous aider à faire face à la situation actuelle.

19.7   Réflexion et discussion

J'ai le sentiment qu'une quantité énorme de réflexion et d'efforts a été consacrée à la création de cette approche.

Marsha Linehan, son équipe et ses collègues ont repris les bases de la TCC (thérapie cognitivo-comportementale) et ont ajouté des éléments riches, spirituels et pourtant pragmatiques à cette approche thérapeutique (désormais) classique.

Étant donné qu'il s'agit d'une université et qu'elle est américaine, il n'est pas surprenant qu'elle soit très protocolaire.

L'on passe ainsi d'une vision très centrée sur le patient à une vision plus holistique, où les éléments historiques « psychodynamiques » sont validés et traités en tant que tels, et où la vision clairement « systémique » de la réalité des interactions et des relations dans le monde réel répond à des critiques spécifiques valables de l'attitude plus pure de la TCC.

En outre, nous avons ajouté le nouveau pilier central du zen/la pleine conscience, qui ouvre des possibilités spectaculaires pour aider les patients à gérer différemment leurs problèmes et leurs réactions émotionnelles.

Il y a un certain nombre de domaines dans lesquels ce traitement correspond à ma propre approche thérapeutique.

J'utilise avec mes propres patients un grand nombre des interventions dialectiques que les thérapeutes sont formés à utiliser dans leurs séances individuelles (que j'ai choisi d'omettre pour des raisons de brièveté et de pertinence – consultez les articles originaux si vous êtes intéressés, et cela en vaudrait la peine).

J'utilise également la polarité « accepter » mais « pousser au changement », mais là encore, c'est le cas de tous mes collègues.

Cependant, c'est sur la question des similitudes et des différences avec le système PI. que nous sommes ici amenés à réfléchir.

L'apaisement de l'esprit et la capacité à prendre de la distance dans une situation autrement chargée d'émotion sont identiques à la position de « gardien sur la colline » du PI.

Et la capacité ultérieure de rechercher et d'entreprendre différentes stratégies, pour réguler aussi bien les situations interactives.

Et relationnelles que les états intérieurs personnels, fait également écho à l'utilisation des stratégies d'adaptation du PI – archétypes parentaux.

Cependant, c'est là que la force majeure de l'approche PI et la faiblesse relative de la TCD divergent.

Les stratégies ou « compétences », telles qu'elles sont décrites dans la littérature et ailleurs, sont terriblement simples et peu sophistiquées.

La force de l'approche PI est la richesse et la complexité de l'utilisation des archétypes.

Grâce à leur utilisation, le patient peut comprendre les faiblesses et les forces potentielles de son (dys)fonctionnement actuel et les possibilités futures qu'il peut trouver en activant ses potentiels latents.

20 Réflexion finale

Cher lecteur,

J'espère et j'ai confiance que cette « nouvelle » approche pourra vous faire avancer dans votre vie.

Il y a deux volumes d'accompagnement : *Cartes et Descriptions*, qui donne une longue description et une réflexion pour chacune des 48 cartes du paquet initial, et un second « livre » dans lequel on peut découper le jeu de 48 cartes en couleur pour en faciliter l'utilisation.

Profitez-en, prenez soin de vous et que le vent soit dans votre dos.

Bien à vous,

Gary Edward Gedall - 28 12 2022

Autres Ouvres par la même auteur

Vivre en harmonie avec le monde réel

Vol. 1

Principes fondamentaux, famille et amis

La vie est souvent vécue comme une série de conflits et d'agressions, tant de l'extérieur qu'à l'intérieur de nous-mêmes.

La série *Vivre en harmonie avec le monde réel* vous conduira vers une manière plus harmonieuse de gérer les nombreux éléments complexes et contradictoires de votre vie quotidienne.

Ces conflits nous épuisent, nous dépriment, nous mettent en colère et nous rendent généralement malheureux et insatisfaits.

Être plus en harmonie avec soi-même apportera plus de bonheur, plus d'énergie et ouvrira la voie à l'épanouissement personnel.

Le volume 1 couvre : une introduction aux concepts de base, notre relation avec nous-mêmes, notre famille (partenaire, enfants, parents, frères, sœurs et beaux-parents), nos amis et nos ennemis.

En bonus, le chapitre suivant vous est proposé : « Mon plus profond et plus sombre secret ».

Vivre en harmonie avec le monde réel

Vol. 2

Travail : Paradis ou Purgatoire

Il s'agit du deuxième livre de la série *Vivre en harmonie avec le monde réel* .

Nous reviendrons rapidement sur les principes fondamentaux du concept « Vivre en harmonie avec le monde réel », qui consiste à être en harmonie non seulement avec l'environnement extérieur, mais surtout avec soi-même.

Nous passons la majeure partie de notre vie d'adulte au travail.

Nous aurons tous des collègues, des patrons et souvent des subordonnés.

Espérons que ces personnes seront polies et professionnelles.

Certaines d'entre elles ne le seront pas.

Ce livre vous aidera à :
- Choisir le meilleur type d'emploi pour vous ;
- Réfléchir au montant à investir ;
- Aborder un nouvel emploi ; et
- Gérer les collègues et les patrons difficiles, et vos subordonnés.

Vivre en harmonie avec le monde réel

Vol. 3

Faire face à la perte et au deuil

Il s'agit du troisième livre de la série *Vivre en harmonie avec le monde réel*.

Faire face à une perte et à un deuil est un processus très personnel.

Chaque culture, religion, groupe, famille et personne doit trouver sa propre voie lorsqu'il se voit confronté à ces défis très importants.

Ce livre vous guidera dans votre cheminement personnel vers l'autoguérison et le soutien aux personnes qui souffrent autour de vous.

Nous examinerons comment d'autres personnes affrontent ces étapes et les approches standard.

Cependant, la force et la différence de ce livre est que nous regardons qui vous êtes, qui ou ce que vous avez perdu.

Nous abordons votre relation honnête avec ce qui est parti, et enfin, les voies et moyens qui vous conviendraient le mieux pour y faire face.

Vivre en harmonie avec le monde réel

Vol. 4

Perfectionnement de nos compétences parentales intérieures

Le système « Perfectionner votre parent intérieur » est un système psychologique innovant qui nous aide à découvrir lesquelles de nos approches habituelles pour gérer les conflits intérieurs et extérieurs sont inefficaces et nous oriente vers des choix plus appropriés et fonctionnels.

Ce manuel est le principal outil de travail du système « Perfectionner votre parent intérieur ».

Il contient toute la théorie de base, la pratique et les racines théoriques de cette approche innovante.

Il nous aide à développer de plus en plus de possibilités stratégiques pour réussir à surmonter les défis internes et externes de la vie.

Il existe deux autres livres liés à ce sujet :

Parent intérieur, Cartes et Descriptions
(Cards and Descriptions) et

48 Cartes.

SOUVIENT

Histoires et poèmes pour le « self-help » et le développement personnel basés sur les techniques de l'auto-hypnose et de l'hypnose ericksonienne.

Le crépuscule tombe, le monde se rétrécit peu à peu en un cercle de plus en plus petit à mesure que la lumière continue de diminuer. Le centre de ce monde est illuminé par un petit soleil crépitant ; les flammes dansent et les visages rudes des personnes rassemblées là sont éclairés par le feu de leurs attentes.

Le vieil homme va commencer à parler, il va leur expliquer comment est le monde, comment il était, comment il a été créé. Il les aidera à comprendre comment les choses ont un sens, un ordre, une façon d'être.

Il clarifiera les sources du mal-être et du malheur, ce qu'est la maladie, d'où elle vient, comment la remarquer et… comment la guérir.

Pour guérir les malades, il fera appel aux forces des royaumes invisibles, peut-être chantera-t-il, certainement parlera-t-il, et parlera encore et encore.

Depuis la nuit des temps, nous nous rassemblons autour de ceux qui peuvent nous apporter les réponses à nos questions et les moyens de soulager nos souffrances.

Cette pratique n'a pas fondamentalement changé depuis les temps les plus reculés ; à chaque époque, continent et culture, nous avons trouvé et continuons de trouver ces expériences.

Dans cette tradition de guérison parmi les plus anciennes, elle a réussi à associer des théories et des techniques thérapeutiques modernes à des histoires et des poèmes de la plus haute qualité.

Avec beaucoup d'humanité, de vignettes cliniques, de bon sens et avec humour, le lecteur est doucement transporté de situation en situation. Que les problèmes décrits vous concernent directement, indirectement ou pas du tout, vous trouverez certainement un intérêt et des bénéfices dans la richesse des éclairages et des conseils que ce livre contient, ainsi que dans les changements positifs conscients ou inconscients apportés par la lecture des histoires et des poèmes.

Représentation de l'esprit (Picturing the Mind)

Un modèle simple capable d'expliquer le fonctionnement et le dysfonctionnement de la psyché humaine.

Introduction à la théorie des champs du fonctionnement humain

Pour l'homme et la femme de la rue, les théories et modèles complexes et contradictoires de la psyché humaine, de son développement, de son fonctionnement et de ses dysfonctionnements sont souvent inutiles pour la compréhension de soi.

Cela devient encore plus problématique lorsqu'ils se trouvent en difficulté, car souvent, même les professionnels de la santé mentale, qui sont des experts dans leur propre domaine, ne parviennent pas à communiquer avec succès quant aux comment et pourquoi le brevet ne va pas bien et sur ce qu'il faut faire pour trouver ou retrouver un équilibre sain.

Cela soulève la question suivante : « Est-il possible d'imaginer un modèle simple et unique, accessible à tous, pour expliquer le développement, le fonctionnement et le dysfonctionnement de la psyché humaine ? »

Ce modèle s'appuie sur les théories et les modèles existants, bénéficiant de la masse d'expériences et de recherches autour des concepts et des idées psychologiques « occidentaux modernes », mais intégrant également les visions traditionnelles de la psyché humaine et les théories modernes des sciences physiques.

Picturing the Mind est une tentative de réponse à ce besoin.

Fiction

L'île de la Sérénité – Livre 1

L'île de la Survie

Pierre-Alain James « Faron » Ferguson est sur le point de se suicider. Dans sa lettre de suicide, il tente de comprendre comment il a pu briser non seulement sa propre vie, mais aussi celle de tous ceux qui l'entourent.

Pierre-Alain James « Faron » Ferguson se trouve dans une sorte de no man's land, entre ici et là ; il doit accepter de visiter les 7 îles avant de pouvoir poursuivre sa route. Les îles s'appellent : Survie, Plaisir, Estime, Amour, Expression, Perspicacité et enfin, l'île de la Sérénité.

Les premières années :
Pierre-Alain James « Faron » Ferguson est né dans le foyer aisé d'un propriétaire d'usine, d'un père écossais et d'une mère issue d'une noble famille française.

Lui et son jeune frère Jay grandissent dans un foyer composé de deux parents distants, mais investis. Déjà, les premières petites pierres de ses futurs problèmes se mettent en place.

L'île de la Survie :
Faron se retrouve sur la première des sept îles, transformé en une forme humaine préhistorique, il doit apprendre à interagir avec l'environnement local et la tribu des premiers humanoïdes.

Ici, il doit renouer avec son instinct de survie.

Soleil et pluie

C'est le deuxième chapitre de l'histoire de la vie de Faron, dans lequel il tombe amoureux, devient un vrai cow-boy, entre en pension, retrouve ses deux meilleurs amis, rend visite à sa tante bizarre, va skier en Suisse et poursuit la relation qui lui apporte la plus grande joie, mais aussi la plus grande peine de toute sa vie, mais ce serait trop en dire.

L'île du Plaisir

Vol. 1 – Venise
Partie 1

Faron se retrouve dans une version passée de Venise, en tant que propriétaire d'un vieux, mais grand hôtel qui sert de lieu de rencontre entre les hommes riches de la ville et les escorts de luxe qui vivent dans l'établissement.

Faron peut faire tout ce qu'il veut sans limites ni coût. Non seulement il peut profiter des filles, mais il peut aussi manger et boire, sans limites, sans jamais souffrir d'une gueule de bois, ni prendre un gramme.

Mais pourquoi l'énigmatique guide l'a-t-il amené ici, et son accès illimité aux offres de la vie lui apportera-t-il vraiment le plaisir auquel il est destiné ?

Partie 2

 Faron est transformé en un jeune garçon manqué. Dans cette version plus moderne de Venise, « il » n'a que sept jours pour se transformer en escort girl de luxe.

Que signifient pour lui cette expérience et les intrigues des autres personnes de sa sphère dans sa quête permanente de compréhension et d'expérience du plaisir ?

L'île du Plaisir

Vol. 2 – Japon

Faron se retrouve dans le mystère d'un Japon d'autrefois, dans le corps d'une jeune geisha stagiaire.

Qui est ce jeune homme triste qu'il doit aider à retrouver son plaisir de vivre ?

Pourquoi doit-il cacher l'identité de sa mère au reste du monde ?

Pourquoi l'amour de la vie de sa mère, volé par sa sœur, était-il connu de tous sous le nom de Madame Butterfly ?

Quel rôle le seigneur féodal de la région joue-t-il dans tout cela ?

Et comment Faron réussit-il enfin à trouver la clé pour redécouvrir le plaisir dans sa vie ?

L'essor et la chute

Dans ce cinquième livre de la série, nous voyons Faron passer d'un adolescent à un jeune homme déterminé.

Il commence par s'échapper à New York, avant d'entamer sa carrière universitaire, en retrouvant ses deux meilleurs amis d'école, Duncan et Mike.

Après avoir obtenu leur diplôme, les trois amis se retrouvent à monter une entreprise, à fabriquer, acheter et importer des marchandises d'Indonésie.

Le succès semble être au coin de la rue, mais Faron ne peut s'en empêcher, l'amertume et la trahison le poursuivent comme un chien affamé.

Détruire son propre meilleur ami n'est pas un acte à prendre à la légère, mais il le fait.

Et qu'en est-il d'Angélique, et de sa fille Aideen ? Il est toujours impliqué émotionnellement, mais est-ce une bonne ou une très mauvaise chose ?

Seul le temps nous le dira.

L'île de l'Estime – Partie 1

L'histoire du chevalier

Faron, notre antihéros, se retrouve transporté dans le corps de Sir Lancelot, à la cour du roi Arthur.

Il est en quête de la guérison de son amour-propre, mais le chevalier, bien que noble et courageux, est aussi un être humain imparfait, une personne qui évite les conflits émotionnels, mais qui ne peut échapper à sa passion pour Guenièvre.

Le chevalier a perdu la mémoire, il ne peut donc pas se rappeler comment et pourquoi il en est arrivé là dans son histoire.

Et qui est Al, son fidèle écuyer qui l'a aidé à dérober un sceptre magique à son supposé meilleur ami, le roi Galahaut ?

Suivez Lancelot dans son voyage romantique torturé, dans un monde d'intrigues de cour, de magie et d'héroïsme.

L'île de l'Estime – Partie 2

La mort d'Arthur

Dans ce deuxième et dernier volume de l'île de l'Estime, nous suivons Al, qui continue de démontrer à Faron ce que signifie être un héros.

Lancelot est toujours troublé par son incapacité passée et présente à s'imposer dans toute autre situation que la bataille.

On comprend comment Lancelot a pu être pardonné par Guenièvre, et pourquoi Arthur a accepté de faire appel à lui pour récupérer le sceptre d'Uffington.

Et comment et pourquoi Al a choisi et réussi à le voler.

Et aussi, comment et pourquoi il sera motivé pour le voler, non seulement une deuxième, mais aussi une troisième fois.

Nous suivons les manipulations magiques de Merlin et Morgane le Fey, et enfin, ce qui arrive à Lancelot et Al, avant, pendant et après la bataille finale entre Arthur et Mordred.

Aventures avec le maître

Dhargey était un enfant malade, du moins c'est ainsi que ses parents le traitaient.

Il était trop faible pour s'engager dans l'armée, travailler dans les champs ou même rejoindre le monastère en tant que moine stagiaire normal.

Pour expliquer au « jeune maître » pourquoi il devrait être accepté dans l'ordre avec un programme allégé, il a été obligé d'accompagner le vénérable vieil homme un peu plus haut dans la montagne.

Ses parents, eux, le regardaient partir, vers un ailleurs où ils pensaient que leur garçon malade et fragile ne reviendrait jamais plus, quelque part où ils avaient totalement raison.

Il était un enfant de sept ans heureux et en bonne santé jusqu'à ce qu'il voie les cavaliers, vêtus de rouge et de noir, détruire son village et assassiner ses parents ; le traumatisme marqua profondément sa psyché.

Seule la rencontre fortuite avec un moine errant peut le remettre sur le chemin de la santé et de la sérénité.

À travers la méditation, les initiations, les récits, l'apprivoisement des chevaux sauvages, la transformation en singe, la maîtrise du bâton et de l'épée, le futur « jeune maître » se prépare à affronter son plus grand démon.

Deux hommes, deux voyages, un seul but…

Les contes de Lucien le lutin

Pierre, le jeune lutin innocent et honnête, Elli, la fée modeste, mais puissante, « beaucoup plus âgée qu'elle n'en a l'air », Timothy, le vieux crapaud digne de confiance, et le dragon de feu, toujours aussi noble, sont les meilleurs amis du monde.

Ensemble, ils vivent de nombreuses aventures merveilleuses et réconfortantes.

Raconté dans un style classique d'histoire pour enfants, Pierre et ses amis rencontrent toutes sortes de créatures et de situations.

Comme tous les enfants, Pierre est souvent confronté à des expériences qu'il ne sait pas comment gérer au mieux, et il réagit souvent d'une manière qui n'est pas la plus appropriée.

Heureusement, avec l'aide de ses bons amis, de sa bonne volonté et de son bon sens, tout finit toujours par s'arranger.

La plupart des histoires comportent un élément éducatif ou moral intégré au récit. Parmi les sujets abordés, citons l'amitié, le respect, l'acceptation, la collaboration, les « bébés », les préjugés, la jalousie et la confrontation avec la mort.